U0552502

图解服务的细节
121

評伝　小嶋千鶴子イオンを創った女

永旺的人事原则

[日] 东海友和 著
王蕾 译

人民东方出版传媒
People's Oriental Publishing & Media
东方出版社
The Oriental Press

图字：01-2021-3270 号

AEON WO TSUKUTTA ONNA-HYODEN KOJIMA CHIZUKO
Copyright © 2018 Tomokazu Toukai
Chinese translation rights in simplified characters arranged with PRESIDENT INC.
through Japan UNI Agency, Inc., Tokyo and Hanhe International (HK) Co., Ltd., Beijing

图书在版编目（CIP）数据

永旺的人事原则 /（日）东海友和 著；王蕾 译. —北京：东方出版社，2022.11
（服务的细节；121）
ISBN 978-7-5207-3013-6

Ⅰ.①永… Ⅱ.①东…②王… Ⅲ.①超市—人事管理—经验—日本 Ⅳ.①F733.131.7

中国版本图书馆 CIP 数据核字（2022）第 188862 号

服务的细节 121：永旺的人事原则
（FUWU DE XIJIE 121：YONGWANG DE RENSHI YUANZE）

作　　者：	[日] 东海友和
译　　者：	王　蕾
责任编辑：	崔雁行　高琛倩
出　　版：	东方出版社
发　　行：	人民东方出版传媒有限公司
地　　址：	北京市东城区朝阳门内大街 166 号
邮　　编：	100010
印　　刷：	优奇仕印刷河北有限公司
版　　次：	2022 年 11 月第 1 版
印　　次：	2022 年 11 月第 1 次印刷
开　　本：	880 毫米×1230 毫米　1/32
印　　张：	7.5
字　　数：	136 千字
书　　号：	ISBN 978-7-5207-3013-6
定　　价：	59.80 元

发行电话：(010) 85924663　85924644　85924641

版权所有，违者必究
如有印装质量问题，我社负责调换，请拨打电话：(010) 85924602　85924603

前　言

"小嶋千鹤子——日本实业家。始于三重县四日市①冈田屋的永旺集团早期领导者之一，永旺商业精神的缔造者。"

这是维基百科上对小嶋千鹤子的介绍。

另外，永旺集团名誉会长冈田卓也在其作品《零售业的繁荣是和平的象征》的前言中感谢道："永旺能有今天的繁荣，毫无疑问，是我姐姐千鹤子努力的结果。"

事实上，从四日市的冈田屋到JUSCO，再从JUSCO到永旺集团，正是由冈田卓也的姐姐小嶋千鹤子一手缔造的。

这种将家业发展为企业，再将企业发扬为产业的经营才能实属罕见。加之在此过程中，小嶋千鹤子以卓越的人事、组织管理手段多次成功实现企业合并，人们甚至将她誉为"人事、组织领域的传奇管理者"。

---

① 四日市：日本三重县人口最多的城市，面临伊势湾，因早期每月四日开放集市而得名。

距小嶋千鹤子辞去其所担任的职务大约已过去了40年,实际上,熟悉她的人正在逐渐减少。人们对她的了解大多停留在"小嶋千鹤子是谁?""有所耳闻,好像是位了不起的人物吧"的程度,而她的为人秉性和巨大成就却不曾为人们所熟知。

小嶋女士在人事方面的经验之所以很难向下传承,原因之一在于她坚持将自己视为幕后辅助型的角色并贯穿始终。

另一个原因在于小嶋女士极强的个性。她的成功往往被人们认为"只有小嶋女士才能做到",带有强烈的个人属性。

这一点确实难以否认。过于强势的个性有时让领导层或负责人无所适从,虽然她更多的时候是站在防止经营失控的立场上。简而言之,小嶋女士强势的个性令人望而生畏,避之唯恐不及。

不过,也正因为如此,小嶋女士才得以在50年前就颠覆了简单的劳务管理型人事理念,确立了现在所说的"经营型人事""战略型人事"等概念,圆满完成了CHRO(首席人力资源官)的职责。

这些宝贵的经验智慧倘若就此蒙尘着实令人扼腕。出于对记录小嶋女士生平业绩、传承其对事物的独特见解和思想理念的强烈希望,笔者决定撰写本书。

笔者有缘进入冈田屋工作,被分配到人事教育部,有幸在小嶋女士的指导下度过了青年时期。对于小嶋女士的一言一行,

前 言

笔者都点滴铭记,有时还直接询问她话里的真意。本书荟萃了小嶋女士的诸多教诲,从她本人留下的作品(名为《足迹》,未对外出版,只有进入永旺集团工作方有机会阅读)中汲取精髓,并深入加以阐释。

总而言之,小嶋女士仿佛是一个"难解之谜"。无论积累了多少理论经验,也很难看清其全貌,令人感觉深不可测。她的内心深处仿佛潜藏着熊熊燃烧的"岩浆"。对于这些岩浆的本质笔者虽然尚未究明,但想必是她所散发的"巨大能量"的泉源。

若各位读者也能从中感受到这份能量,笔者将倍感荣幸。

目　录

第 1 章
成就小嶋千鹤子的事物
——身世与磨炼

1. 宿命——从小村镇的和服店起家 …………………… 003
2. 肩负的使命——二十三岁当家 ………………………… 005
3. 从焦土中复兴——父辈留下的遗产 …………………… 011
4. 与弟弟同心协力——由亲姐转变为共同经营者 ……… 014
5. 业态开发与连锁化意向——挑战更大的目标 ………… 017
6. 从冈田屋到 JUSCO——向更大的舞台飞跃 ………… 024
7. JUSCO 的根基——发挥专业管理者真正的价值 …… 032
8. 卸任后的愿景——以 10 年为区间的人生目标 ……… 042
9. Paramita Museum——兴趣造就的景致
   （与丈夫小嶋三郎一携手） …………………………… 047
10. 姐弟二人的内心深处——风树之叹 ………………… 050

I

第 2 章
好好活下去
——小嶋千鶴子的人生哲学

1. 为实现自己的成长、成功应该怎么做? ……… 055
2. 学习先哲的智慧 ……… 058
3. 漫漫人生的宏图设计 ……… 060
4. 好好活下去 ……… 063
5. 信任的基础是责任感和使命感 ……… 065
6. 拥有高纯度的自我标准 ……… 068
7. 知而不为,犹如不知 ……… 070
8. 女性如何在男性社会中生存 ……… 072
9. 数量的积累能引发质变 ……… 075
10. 赋予工作意义 ……… 077
11. 变革期正是机遇期 ……… 079

第 3 章
对企业高层和干部的一贯要求
——小嶋千鶴子的经营哲学

1. 现场是一座宝库 ……… 083
2. 失去思考能力的职场是悲惨的 ……… 087

3	追求理想的企业	089
4	企业是社会机构——基本的哲学理念	094
5	积累无形资产	096
6	建立社会信用	098
7	管理的杠杆效应	100
8	警惕兴趣与私事成为软肋	102
9	具备宽容之心方能培养人才	104
10	严肃处理不正当行为	107
11	竞争优势战略	110
12	长期视野	112
13	不可将创新者扼杀于萌芽中	114
14	起草方案的权利	116
15	承担成长责任	118
16	无须事先调整的理论	120
17	创造优质DNA	122

第 4 章
组织要依靠人来建设
——小嶋千鹤子的人事哲学

| 1 | 小嶋的经营、人事特性 | 127 |

2	人事的基本是确保生产力	129
3	排除保守型员工	131
4	欲上则下，欲下则上	133
5	赋能授权的本质	135
6	教育才是最大的福祉	137
7	在三个领域的贡献度	139
8	对组织各层级的要求	142
9	人要看怎么用	144
10	停滞导致浑浊，僵化引发腐败	146
11	杜绝亲信政治	149
12	发掘人心之美	151
13	合并成功的本质——人心的凝聚与融合	153
14	创建衡量公正能力的标准	156
15	身为专业经营者（人事负责人）的自豪	160
	（1）人事政策的基本	160
	（2）良好风气的保持与渗透	161
	（3）允许变革的制度设计	161
	（4）系统（制度）的创建与保守型员工的排除	161
	（5）录用是本质的甄别	162
	（6）准确的信息	163
	（7）人事重在组合	163

（8）时机 ··· 164

（9）预见性 ·· 164

（10）高层领导与员工 ·· 164

（11）关于员工 ··· 165

（12）企业外部员工的有效利用 ······························ 166

（13）能力开发部长的职责 ····································· 167

（14）基本命题 ··· 168

第 5 章
独立自律的生存处方

1 以何为目标 ··· 173

2 掌握开发自我的能力 ·· 176

3 人拥有无限可能 ··· 178

4 闲散漫步的心态无法攀登富士山 ·························· 180

5 掌握复原力 ··· 182

6 成为不可或缺的人 ·· 184

7 矫正要趁早 ··· 187

8 看待、考虑事物的原则 ··· 190

9 防微杜渐——注重小事方能体现专业 ·················· 192

10 不放过细微的变化 ·· 195

11	决定人生的是"未得到"而非"已拥有" …… 197
12	全力以赴制定上策 …… 199
13	选择决定自我 …… 201
14	最终要把整体利益放在首位 …… 204
15	以独立、自律为目标 …… 206

终　章

为何现在仍需要"小嶋千鹤子"？

为构建可持续发展的社会 …… 211

后　记 …… 217

主要参考文献等（顺序随机，作者等敬称略） …… 219

第 1 章

成就小嶋千鹤子的事物
——身世与磨炼

1 宿命——从小村镇的和服店起家

小嶋千鹤子的故事要从一个随处可见的乡村小镇——四日市的和服店讲起。

四日市虽是个不起眼的小村镇,却属于旧东海道的驿站城镇之一,位于京都与江户之间的往返要道上。不仅如此,四日市还是从东海道改道前往"伊势神宫"的分叉点。

千鹤子是冈田家的次女,出生于1916年(大正五年)3月3日。

老家的商号名为冈田屋和服店,创始人为江户时期的三河武士,曾在铃鹿山脉的治田乡一带担任矿山开采的负责人(奉行①)。不过,矿山资源枯竭之后,第一代户主便舍弃了武士身份,于1758年开始在四日市经商。这是冈田屋的创始之年,和服店自此代代传承。

冈田屋的经营方式颇具先见之明。

---

① 奉行:日本古代的一种官职。

1887年，冈田屋第五代惣右卫门①引入了"对比记账"方式，即现代所说的借贷对照表，开始采用复式簿记。1892年制定了店铺规则（即现在所说的就业规则②），确立了店内员工的资格制度及薪金待遇规定。

1904年开始发行商品券，店铺经历了两次搬迁。1921年，除了和服，冈田屋还开设了洋装部门，开始销售西式服装。1926年，第六代惣右卫门（千鹤子和卓也的父亲，惣一郎的别名）将店铺改为株式会社③性质的组织，以25万日元的资本金成立了冈田屋和服店株式会社，同时将账簿明确为复式簿记。当时，株式会社在四日市只有寥寥数家，据说冈田屋和服店因先进的现代化企业模式而声名大噪。

千鹤子是父亲惣一郎和母亲田鹤的次女，祖父是冈田屋和服店第五代惣右卫门，加上长女嘉津子，组成了一个五口之家。随后三女稔子、四女阿绿相继出生。千鹤子出生约10年后的1925年9月19日，长子卓也（后来的永旺集团名誉会长）降生，曾经的五口之家变成了八口之家。

---

① 惣右卫门：冈田屋代代相传的名号，自第2代传至第6代。
② 就业规则：指日本企业中实行的由雇主单方面制定的包括劳动者的劳动条件以及就业过程中劳动者必须遵守的规章制度等细则。
③ 株式会社：即股份公司，日语中的"株"是股份、股票的意思，"会社"意为公司。

2 肩负的使命——二十三岁当家

在千鹤子出生成长的时代,日本正处于世界的剧变期。

对于冈田屋而言,同样也是一个风雨飘摇的时代。

1927 年,在千鹤子 11 岁时,父亲——第六代惣右卫门因心脏病突然离世,年仅 43 岁。父亲毕业于早稻田大学,跟随第五代惣右卫门学习经营,正当意气风发之时却溘然长逝。长子卓也当时只有 2 岁,连父亲的面容都记不清。

关于往事,小嶋在所著的《足迹》中这样写道:

"或许是长子降生的夙愿一朝得偿,父亲过于激动,在昭和二年便因患心脏病倒下,就此撒手人寰。他走时才 43 岁,正值盛年。母亲当时不过 33 岁。我们姐弟共 5 人,上面 4 个都是女儿。店里没了主心骨,只留下孤儿寡母。随后不久,昭和金融恐慌爆发。(中略)当时我正好从女子学校毕业,原本打算去东京读大学,无奈也只得作罢。"

身为和服店千金的千鹤子曾就读于四日市高等女子学校,

聪颖伶俐，勤勉好学，梦想着去法国留学，是一名醉心于无产阶级文学的高中生。据说千鹤子还学习了茶道和插花等有益于将来的技艺。

对于从小就机敏活泼的千鹤子来说，放弃升学无疑是一个重大的决断，对她产生了极大的影响，促使她形成了强大的求学心、自制力。不仅如此，她还面向广大社会，为有类似遭遇的儿童设立了救济制度，并对员工的教育制度格外热衷，当然这些都是后话了。

言归正传。

自从冈田家失去了主心骨，田鹤便用瘦弱的肩膀扛起了整个家庭和店铺的重担，但不久就被时代的洪流卷入了世界经济危机中。大量的企业破产，甚至连银行也无法幸免，大街上到处都是失业的人。经济基础薄弱的日本企业更是束手无策，接二连三地倒闭。与冈田屋和服店合作过的四日市银行也宣告破产。漫长的大萧条时期到来了。

或许是操劳过度，母亲田鹤不久也病倒了，不得不在富田滨的一处别院疗养。富田滨位于四日市东海岸附近，被松林环绕，环境十分清幽。店里的人经常带着年幼的卓也前去探视。

然而，精细的护理与疗养终究是徒劳一场，1935年，母亲也成了不归人。这一年，千鹤子20岁，弟弟卓也10岁。留下年幼的孩子离开人世，父母的心境又是何等凄凉。

自田鹤开始养病后，冈田屋便由长女嘉津子负责打理。嘉津子虽已竭尽全力，但四日市在1938年遭遇了大洪水，店铺损失惨重。也许是在灾后重建上耗费了太多的心血，嘉津子在第二年便继母亲之后离开了人世。

正值千鹤子23岁之时。

这一时期，商业一体化进程逐渐推进，东洋纺绩公司于1932年在四日市建成了盐滨工厂。世界形势同样风云激荡，德国向波兰发起进攻，英法向德国宣战，第二次世界大战爆发。战争的阴云笼罩了全世界。

冈田屋接连失去了祖父惣右卫门、父亲惣一郎、母亲田鹤、大姐嘉津子这四根顶梁柱，留下了两个妹妹、14岁的弟弟卓也以及千鹤子四人。由于当时已成年的只有23岁的千鹤子，不得不由她担任冈田屋和服店的总裁。

甚至来不及为接踵而至的不幸哀叹，千鹤子便要被迫挑起母亲留下的担子照料弟妹，打理公司的事务。对于一直以来无忧无虑的千鹤子而言，这无异于晴天霹雳。

千鹤子从小开朗聪慧，还有一股不服输的韧劲。在女子学校上学期间，她从不化妆，比起和服更喜欢西式服装，酷爱读书，对无产阶级文学情有独钟，颇具浪漫主义色彩。据说她与母亲田鹤如出一辙。

自此，千鹤子便正式登上了"经营的舞台"。

当时，千鹤子已有未婚夫，名叫小嶋三郎一。不过，千鹤子担任总裁之后，婚事也随之延期。在卓也长大成人能够独当一面之前，千鹤子的人生抉择中没有"结婚"这一选项。千鹤子作为店铺经营者，同时要代替母亲照料弟妹，推迟婚事表明了她的坚定意志。

自父亲那一代起，冈田屋的经营便采取"掌柜"负责的方式。父母双方还有不少亲戚参与其中。不过，千鹤子并没有一味地安于现状。出任总裁之后，千鹤子在逐步了解经营现状的同时，凭借着天生好强的个性和求学心，迅速掌握了公司的实际经营状态。

明确哪些应该保留，哪些需要改革，哪些是公司发展的障碍之后，千鹤子采取了各种各样的措施，为弟弟卓也将来接任公司打下良好的基础。

通过这些措施，冈田屋摆脱了家庭式经营的束缚，使继承自父辈的株式会社向现代化经营迈进。

然而，零售业在那个时代并没有发展的自由。关于战时统制经济下的经历，小嶋曾在99岁寿辰时感慨道：

"到了现在这个岁数也想明白了。有人说我接下冈田屋的担子实在很辛苦，其实说起来，不过是拼命活下去罢了。那个时代糟糕透了。人们将奢侈视为大敌,把西阵织中的金线、银线抽出来卖掉。那可是匠人们千辛万苦织成的西阵织啊……战后一段时间没有商品可卖,一听说京都有草纸我就赶紧过去进货。听说名古屋的堀川有木材就买了不少,做成木屐卖了,但由于干燥导致木屐上翘变形,结果全都被退了货。现在能想起来的也就这些了。"

这些经历与后来永旺追求和平的基本理念密不可分,充分说明零售业只有在和平年代才能生存。千鹤子切身体会到了战争的悲惨与和平的可贵。

1941年,美国参战,第二次世界大战升级到最大规模。商店没有商品出售,衣料、服装均需凭票购买。男人们都被送上战场或征用,偌大的店铺只有总裁千鹤子、几名年迈的男员工以及两名女员工苦苦坚守。

1943年,卓也进入早稻田大学学习。

关于卓也的升学目标,由于千鹤子曾跟随神户大学经营学院教授平井泰太郎先生学习经营管理知识,通过恩师的关系,千鹤子原本帮他考虑和安排的是神户大学。然而,卓也却在未事先告知千鹤子的情况下,径直选择了早稻田大学,或许是希望在父亲毕业的大学里感受父亲曾走过的路吧。

卓也离开四日市之后,在东京阿佐谷过起了寄宿生活,千鹤子时常带着"大米"前去探望。在早稻田大学就读期间,卓也常常回四日市帮忙打理店铺。每当卓也回乡时，千鹤子总是严厉地教导他做生意的方法、态度、店铺的经营管理等方面的知识。

例如，发生过这样一件事。

在统制经济时期实行凭票购物。引入凭票购买制时，对于顾客购买商品的店铺，需要进行指定登记，能够获得指定资格象征着店铺平时备受顾客的信任。因此，为了保住指定资格，所有店铺都拼尽了全力。

有一次，卓也未能成功获取某个地区的指定资格。千鹤子大发雷霆，怒斥了卓也，命令他再次尝试。遭到斥责的卓也拼命挽回败局，最终使冈田屋的指定资格位居三重县第一。

千鹤子不仅是姐姐，亦如父如母，更像师长一般，严格教授卓也做生意的基本。

3 从焦土中复兴——父辈留下的遗产

1945 年,卓业入伍服兵役。同年 6 月,四日市遭到了猛烈的空袭。此后,四日市又经历了数次空袭,被战火烧成了一片废墟。

冈田屋也因空袭失去了所有店铺和商品。在千鹤子与弟弟卓也,以及数名老掌柜的努力下,冈田屋得以重整旗鼓。在店铺完成重建之前,千鹤子暂时辞退了店内的员工,并支付了补偿金。

尽管已经一无所有,千鹤子仍然派发传单告知顾客:"持有冈田屋商品券的客人可兑换成现金。"冈田屋的店面虽然烧光了,但"招牌"依旧屹立不倒。千鹤子用行动强调了这一点。

由于是空袭造成的损失,即使不这么做人们也无可厚非,但千鹤子坚持如此。通过这件事,冈田屋的信誉已然不可动摇,千鹤子作为经营者的声誉也越来越高。

1945 年 12 月,40 坪(约 132 平方米)的新店铺举办了上梁仪式。

后来,小嶋千鹤子在 87 岁高龄时,用私人财产投资开办了一家美术馆，在与员工闲谈时她这样描述当时的情形：

"我们打算重建店铺，可是缺乏木材。四处打听后，总算在石药师一带找到了。用拖车装了满满一车，一路拖回四日市。那些木材可真沉啊，感觉拖了很久才到。"

像这样靠自己一点点凑齐材料，在第二年，即1946年3月，店铺重新开业。

这一年发生了通货膨胀，新旧日元交替，千鹤子在此之前便将店铺里的所有现金都换成了商品。这正是得益于她从书上学到了第一次世界大战结束后，德国发生了恶性通货膨胀，货币大幅度贬值的历史经验。

"我记得是昭和研究会（以近卫文麿为中心的团体）发行的名为《战后的局势》一书，让我预测到若日本战败，必然会发生通货膨胀，货币的改革将无法避免。在战争即将结束时，我的脑海中突然浮现出了这本书的内容，于是在昭和二十一年新旧日元交替时，我已将所有现金都换成了商品，并在存款冻结之后，以冻结的存款为担保从银行获得贷款，以便采购新的商品。若没有从书上学到的知识，恐怕我不会采取这样的行动。显而易见，这些举措对于之后的店铺复兴发挥了巨大作用。"

（摘自《足迹》）

"通过平井先生和书本知识，姐姐千鹤子了解到第一次世界大战后，德国被卷入恶性通货膨胀的局势中，由此准确地把握了日本当时的经济状况。她将现金转换为实物，忠实地执行了恩师和书本的教诲。在一个月之后的2月份，币原内阁颁布了金融紧急措置令，停止流通旧货币，开始发行新日元。3月，冈田屋重新开业。店铺的规模原本只有40坪，与现在的便利店差不多大，但战后约半年店铺重新开业时，却让人们纷纷发出'不愧是冈田屋'的感叹。1月份大量采购的商品卖得飞快，新日元纷纷入账。若当时冈田屋继续持有旧日元，后果将不堪设想。"

（摘自《零售业的繁荣是和平的象征　我的履历书》　冈田卓也著　日本经济新闻社出版）

将猛烈的通货膨胀由危机转变为契机，为冈田屋的飞跃性发展打下了坚实的基础。6月，冈田卓也就任总裁，千鹤子辞去了总裁的职务。这可谓是一场"默契十足的交接"（卓也语）。卓也当时还是一名尚未从早稻田大学毕业的学生总裁。

就任总裁之后，卓也趁7月份新店开业之际，一鼓作气在传单上打出了"打破焦土"的口号。这是战后四日市首次出现的传单。市民们喜极而泣，纷纷感慨来之不易的和平。

这一年，千鹤子30岁。身上亦父亦母的担子总算可以暂时卸下了。

4 与弟弟同心协力——由亲姐转变为共同经营者

1948年,卓也从早稻田大学毕业,正式作为冈田屋的总裁开始施展拳脚。姐弟两人齐心协力,夜以继日地辛勤工作。勤奋努力的名声不仅传遍了整个四日市,甚至连附近村镇的人都有所耳闻。

1949年,店铺搬迁至诹访新道,即后来的冈田屋工作室总部所在地。

冈田屋留下了数条家训,其中一条是"给顶梁柱装上车轮",意在根据形势的变化灵活地选择店铺地址。搬迁便是践行家训的结果。冈田屋由此不断发展壮大。

1950年,经千鹤子介绍,卓也与三重县菰野町的大地主之女高田保子成婚。对方的父亲虽是附近村镇的大地主,与商人出身的冈田屋相比地位更高,但听闻卓也踏实勤恳的名声之后,便欣然应允。

在卓也结婚的同一时期,千鹤子也与未婚夫,画家小嶋三郎一顺利完婚。决定延长婚期直至卓也独当一面为止的千鹤子终于结束了漫长的单身生活,从冈田千鹤子改从夫姓为小嶋千鹤子[①]。

后来,小嶋与我一起经过桑名市的某条街道时,突然感慨道:"这条路啊,我以前学插花的时候经常走呢。"我一时间不知该作何反应。"那可是鼎鼎有名的小嶋女士啊,竟然也学过插花……"令人实在难以想象。

对于曾经一直梦想着去法国留学的小嶋而言,这条路或许让她怀念起作为普通女孩时无忧无虑、轻松自由的岁月,因此不由自主地发出了感慨吧。

十三年来,早早地失去了双亲和姐姐的千鹤子,在照料年幼的妹妹和弟弟卓也的同时,在冈田屋的经营管理上奋力拼搏,摆脱了社会剧变带来的危机,这一时期也成为千鹤子发挥才干的试炼舞台。她也出色地完成了担负的使命。

之后不久,千鹤子便从冈田屋的经营中抽身,与三郎一搬到大阪的住吉区居住,并开了一家书店,实现了多年以来的心愿。对于酷爱阅读的千鹤子而言,被书包围的生活充满了幸福。

因为有一位喜爱读书、头脑聪明、干练利落的女店主,书店很快赢得了周围人们的好评。千鹤子还会与前来购买专业书籍的老师和学生们就书本进行探讨。

另外,由于三郎一喜爱奈良,千鹤子也时常坐在丈夫的摩

[①] 后文简称小嶋。

托车后座上，和丈夫一起参观奈良的兴福寺等古迹，陪他画素描。

然而，时代的发展不允许小嶋千鹤子屈就于一介书店店主。打理书店期间，在三重县奋斗的卓也时常联系千鹤子，交换意见和看法。当时，冈田屋向津市中心区域发展，并于1958年在近铁四日市站附近成功开设了百货商场。

但是，近铁四日市站旁的近铁百货店也开业了，双方呈现出鹿死谁手、决一胜负的态势。"坚决不能输"，千鹤子作为商人的血液为之沸腾。三郎一也察觉到千鹤子的心意，于是对她说"画在哪里都可以画"，给予她极大的支持。两人卖掉了住吉区的房子，于1959年回到了四日市。短暂的新婚生活就此结束。

这一次，千鹤子不再充当抚养弟妹的父母或姐姐的角色，而是以青年经营者卓也的智囊（专业经营者）的身份再度启航。从这个意义上讲，在大阪住吉区开书店的6年时光既是休息阶段，也是为冈田屋的下一次飞跃而汲取知识的充电期。

据说员工们光是听到"小千（千鹤子的爱称）"要回来了便紧张得浑身发抖。员工们对于千鹤子的敬畏已经到了如此地步。

5 业态开发与连锁化意向——挑战更大的目标

近铁四日市站附近的冈田屋百货店生意十分兴隆。不同于一般的百货商店，冈田屋百货店选择了 SSDDS 业态。SSDDS 是 Self Service Discount Department Store（自助服务折扣商场）的首字母，具有百货商场、自助服务、折扣商店等三重特征。

一直以来，冈田屋都采用现金的方式结算进货货款，因此能以低于其他店铺的价格购入相同的商品。

或许是物美价廉的缘故，以四日市市民为主，周边地区的顾客也频频光顾，店铺甚至博得了"两天不去冈田屋便感觉心里不踏实"的评价。店铺的繁盛已经达到了如此地步。

不过，姐弟两人的目标远不止于此。

1959 年，冈田卓也前往美国开展了为期 1 个月的参观考察。

当时，美国零售业的现代化程度已远超日本，连锁商店遍布全美。A&P 公司（Great Atlantic and Pacific Tea Company：大西洋和太平洋食品公司）的店铺规模达到了 7000~8000 家。冈田预料日本零售界迟早也会迎来这种盛况，且内心坚信这将是未来发展的必然趋势。

回到日本后，找到明确目标的冈田迅速扩增了四日市店的卖场面积，新开了伊势冈田屋和桑名店，并一口气开设了桥北店、富田店、富洲原店三家超市，正式向超市领域进军。

小嶋千鹤子一回到四日市，便担任以人事为主的管理部门总负责人，全力支持冈田卓也，向着在日本实现零售业连锁化的目标共同努力。

开设多家新店，首先必须考虑人才的配备。不论性别，确保充足的员工才是当务之急。为此，小嶋亲自前往高校考察，募集优秀人才。

当时的零售业鲜少录用大学毕业生为正式员工，但冈田屋在1957年录用大学生作为干部候补，第二年又增加了一名。这些员工和干部共同组建了长期经营计划委员会，作为年轻干部候补们的试炼场。

另外，为了能在首次涉足的超市行业顺利发展，冈田屋将员工派往其他店铺（长野的仁科百货、福岛的红丸）进修，学习实际业务。

冈田屋从1963年开始正式定期录用大学毕业生。根据冈田屋内部报刊新员工特辑记载，1964年的新员工达到了200名，涵盖了从北海道至鹿儿岛的广大地区，囊括了关西学院大学、长崎大学、立命馆大学、冈山大学、同志社大学、明治大学、青山学院大学、早稻田大学、大阪府立大学、中京大学、法政大学、松山商科大学、神户大学、三重县立大学、山口大学、拓殖大学、静冈大学、爱知学院大学等18所名校的人才，同一所大学有多名毕业生加入公司。三重县的企业极少能招到这么多的大学毕业生，冈田屋的知名度之高由此可见一斑。

另外，为了招募更多的人才，冈田屋还采取了提高女性员工竞争力、积极雇用零工等一系列措施。

大量网罗人才的同时，冈田屋还在员工入职后的教育上颇费苦心。尤其注重员工的培训和知识的积累，对公司的管理人员也提出了同样的要求。

基于人们对冈田屋原本抱有的高度信任，公司内部教育的彻底实施取得了明显成效，部分高中甚至主动向公司推荐校内的一流人才。

千鹤子出于女性独有的细腻，为周末无法休假的女性店员设置了"茶道"或"插花"的课程，供她们下班后学习。这些方面的教育和素养有助于她们成长为独当一面的优秀女性。外界甚至流传出"娶妻当娶冈田屋店员"的说法。

1964年，冈田屋不仅录用了大量的大学毕业生，还以高中毕业的男性员工为对象，成立了零售业首家企业内部大学OMC（Okadaya Management College；冈田屋管理学院）。

让高中毕业的员工也能获得短期大学毕业生水平的教育，

这是千鹤子的初衷。过去的商店学徒形式已经行不通了。她相信知识的欠缺是导致日本零售业后进发展的原因之一。若不能提高生产率，现代化将无从谈起。为此，拥有"知识"武装的员工是必不可少的。

OMC 以塑造人格的素养教育课程与经营学为中心，聘请了当时新潟大学的川崎进一教授负责经营学课程，哲学、文学的课程则由名古屋大学的真下信一教授负责。另外 OMC 还设置了包括艺术类、实务类在内的多种课程，其中的佼佼者可进入产能大学继续深造。川崎进一教授之后也一直在经营、管理方面提供帮助，甚至在 JUSCO 大学设立之际，以校长的身份作过指导。

这里插句题外话。小嶋十分重视员工食堂的饭食，讲究营养和美味，是想让员工们能够感受到来自父母一般的细致关怀吧。

冈田屋配有专门负责员工餐的"掌勺大叔"，除了公司内部的员工，批发商等其他企业的员工前往冈田屋交货时也能享受一顿美餐。据说当时，有的员工甚至故意将原本可以一次交清的货物分成早晚两批，专程坐电车从名古屋或大阪赶到冈田屋，就是为了多饱餐一顿。批发企业的员工当中，靠冈田屋的饭菜度日的不在少数。因此，畅销商品总能及时向冈田屋供应，确保货源不断。

冈田屋的发展领域不仅限于三重县内，1964年12月，还扩张至爱知县的冈崎市。

由于是首次向县外发展，虽然有获得成功的自信，但难免夹杂着不安。在这种情况下，冈田屋除了将新店开业的信息夹在报纸折页里，还动员全公司的员工，拿着宣传单到冈崎市及周边地区逐户上门拜访，给大家送上新店开张的"问候"。冈田屋甚至出动了几十辆大巴。抱着只进不退的决心，冈田屋将这次上门拜访行动命名为"Z作战"，摆出了背水一战的阵势。

冈崎店开业时，还有一点值得一提。

一般来说，店铺开张时通常会举办"开业典礼"等活动，然而这类活动都是一次性的，冈田屋则希望通过其他方式让市民长久地感到热情与欢乐。

为此，冈田卓也没有举办开业典礼，而是为冈崎市捐赠了700株樱花树苗。这些树苗均种植在冈崎市城址附近的堤坝上，现在已经成为冈崎公园的赏樱胜地。

由此，冈田屋不再是来自爱知县外的无名企业，而是一举成名，广为冈崎市民所熟知，知名度和信誉度越来越高。

然而，姐弟两人并未简单地满足于店铺的成功。

战后物资匮乏的时代发生了翻天覆地的变化，日本经济迎来了高速成长期。

当时，日本还没有与制造业的大量生产相匹配的零售业。因此，商品的价格决定权便由制造商一手掌握，零售业的立场不过近似于转包者而已。受这种体制的影响，零售业无法为消费者提供原本的服务，必须发展壮大，小嶋与冈田时常因此陷入沉思，即推动流通变革：

"由厂商主导向零售主导转变。"

为了达成这一目标，小嶋与冈田积极采取措施，除了依靠自己的力量发展，还计划通过"合并"的方式逐步壮大，并付诸实施。冈田屋迅速与伊势的"Kawamura"、静冈县的"Marusa"、丰桥市的"浦柴屋"开展业务合作、合并。上文提到的冈田屋长期经营计划委员会与组织制度委员会发挥了有效作用，积累了业务合作、合并的精神，合并的要点，技术诀窍等。

同时，冈田屋成立了新的委员会，为与兵库县的 Futagi 合并、成立新公司做准备。之后，大阪的 Shiro 也加入其中，共同设立了"JUSCO[①] 株式会社"。

在小嶋与冈田出生成长的四日市，其实也有通过企业合并得以发展壮大的先例。例如由大阪纺绩与三重纺绩合并而成的"东洋纺绩"（即现在的东洋纺）、关西急行铁道与南海铁道合并

---

① JUSCO：通常译为"吉之岛"或"佳世客"。

后新设的近畿日本铁道（简称"近铁"）等。这种方式的合并在美国或先进企业中虽有先例，但在零售行业十分罕见。小嶋和冈田想必也从身边的历史教训中汲取了经验。

冈田屋之所以能采取这一系列的行动，除了冈田卓也出色的领导能力与强韧的个性，以及制定远大目标并勇于发起挑战的果敢决断，也得益于小嶋千鹤子通过如饥似渴地学习，在以人事为主的管理方面进行的战略性制度设计，以及强有力的组织架构。两人充分发挥各自所长，由此形成了强大的协调效应，使冈田屋取得了重大的成就。

6 从冈田屋到 JUSCO——向更大的舞台飞跃

1968年，冈田屋与 Futagi 共同组建了新企业设立准备委员会，委员会下设人事、商品、财务等各专门委员会。

在冈田屋、Futagi、Shiro 三家合并之时，曾以 Futagi 的时任总裁二木一一先生所提倡的"心与心的融合"为核心理念，将人心的融合与凝聚作为一项重要课题。

企业合并的显著优势在于一举获得大量的人才。组织基础更加稳定，新的人才也会聚集，不过曾经分散在各个企业工作的员工们很难在短时期之内形成融洽关系，他们需要相当长的时间来适应。

而一手包揽这项艰巨任务的人正是小嶋千鹤子。

"这次合并是将按照不同路线各自发展起来的三家企业暂且推翻，创建一个全新的组织。这也是我人生中的关键时刻。"

小嶋在《足迹》中这样写道。回首往事，当时的艰辛依然让她难以忘怀。

在小嶋卓越领导力的影响下，大家最终达成共识，将人才培养作为新公司的基础，把教育、能力开发作为人事制度的中枢，不断提出具体的实施对策。制定了人事五原则、合并七原则等，举行了监督职位录用资格考试、管理职位录用资格考试等，在"商品""人事制度、待遇""体制"等领域进行了统一。

统一劳动条件的前提，在于必须准确掌握资格制度、录用标准、评价标准、工资制度、福利制度的实际状况。三家企业均毫无隐瞒，开诚布公地进行了探讨。

小嶋曾描述过当时的情形。

"有一次，我们去查看了 Shiro 的女员工宿舍，结果发现一个房间里竟然住了 6 名女孩。这可不行，员工们岂不是连换内衣的地方都没有？我便给 Shiro 的总裁写信，要求改善住宿条件。见到 Shiro 的总裁时，我严厉地质问他：'你会让自己的女儿待在那种地方吗？'但井上（次郎）总裁却并不了解这一情况。"

在急速发展的阴影下，Shiro 有待解决的问题堆积如山。

新公司在发展的过程中碰到了巨大的障碍。三家企业的"用语"各不相同，导致相互之间无法顺畅地沟通。若不能对"用语"进行统一，明确其含义、目的，合并企业与被合并企业的痕迹会原封不动地遗留下来。但如此一来，合并的意义将荡然无存。为此，小嶋首先要求制作新公司的统一用语，并于当年12月将制作完成的JUSCO统一用语分发给全体员工进行培训。

除此之外，小嶋还制定了新公司的八条基本方针，举办了女性员工国内留学、新入职员工联合培训、第一届JUSCO联合采购商品研讨会等活动。

作为公司集体参与的一项重大活动，新公司通过内部公开征集的方式将名称确定为"日本联合商店株式会社（Japan United Stores Company，俗称JUSCO）"，新公司的代表徽章同样以内部公开征集的方式确定。

另一方面，小嶋在冈田屋采用了"主妇雇员（零工的前身）制度"等，稳步推进连锁化所需的人才战略。

于是，在1969年2月21日，由冈田屋、Futagi、Shiro共同设立的JUSCO正式诞生。新公司以合并为前提，令现有企业继续保持营业的同时，在大阪市福岛区设立总部。

小嶋作为新公司JUSCO的董事及人事负责人，除了在人事方面一展身手，还将"通过商业活动为社会服务"确立为公司的经营宗旨，同时制定了"JUSCO的信条"和"JUSCO的誓言"等员工行动守则，并分发给全体员工，要求大家诵读。

语言是思想和知识的体现。通过这种方式，员工们能对新生的JUSCO产生更加深刻的理解和感受。

同年 4 月，小嶋设立了 JUSCO 厚生年金①基金，实现了长久以来的心愿。自从 1959 年首次考察美国的零售行业，了解到 GMS（General Merchandise Store：大型综合超市）之一的西尔斯·罗巴克公司（Sears Roebuck）所实行的年金制度以来，小嶋内心便深受触动，一直想在冈田屋设立同样的福利制度。虽然初步制定了导入计划，但企业必须达到一定的规模才能实行，因此这个计划一直未能实施。

"扩大规模才是企业的长存之道，它与零售业的现代化息息相关，甚至是大多数员工的生活保障。"这个信念也是合并组建 JUSCO 的重要原因之一。

另外，对于报酬，小嶋主张采取终生工资②的方式。退休金制度迟早会走向崩溃。从日本人口年龄结构来看，这种趋势可谓一目了然，待到支付期，企业必将无法承受。小嶋对此已有所预见。基金的设立也是应对措施的一环。

持有基金也是一流企业的象征。这意味着企业通过了厚生省、大阪府厅的严格审查，除了政府管理的厚生年金之外，利用基金的附加补贴，让成员们享受更高的待遇。次年公司紧接着又设立了 JUSCO 健康保险工会。

---

① 厚生年金：年金即养老金，是一种社会保险，以公司职员等为主要对象。
② 终生工资：指从学校毕业后开始工作直至退休所获得的工资总和。

在这一年的 7 月，新公司还做了一件值得大书特书的事。那便是设立了被誉为 JUSCO 人事制度支柱的"JUSCO 大学"。

企业经营一定要集思广益。仅依靠少数人才，企业的经营发展将明显受限。为了避免这种情况，企业需要发掘、培养新的人才，希望通过合并扩大员工施展拳脚的舞台，就必须提高员工的知识水平。光靠以往的经验是远远不够的。

当时的办学宗旨主要集中在以下几点。

1. 迅速发展的流通企业必须不断争取进步和革新。为此，企业需要快速而系统地掌握各方面的素养，打造坚实的技术基础。

2. 未来产业必须将知识作为重要资产。为此，需要全体员工持之以恒地学习钻研。

3. JUSCO 大学的目标是填补日本的大学缺乏实干家教育的空白。

4. JUSCO 大学致力于培养引领零售行业的专业人才，应对信息化时代的全新挑战。

第一任校长由新潟大学的川崎进一教授担任。

新公司还在 9 月份创立了统一的内部报刊"JUSCO PEO-PLE"，且终于开设了第一家挂有 JUSCO 招牌的店铺——烧津店。

12 月，JUSCO 在总部的机构中增设了"商品检测室"，对

JUSCO 所售的商品进行检测,这是零售业一次前所未有的尝试。特别是对于收到的顾客投诉,要明确制造商和销售者的责任。

同时,JUSCO 设立了"经营监察室",以确保经营管理的合规性和健全化。这些举措均源自小嶋的设想,是对企业应履行的社会责任的具象化。

此外,公司还组建了"JUSCO 总工会"。

"JUSCO 总工会"的组建经历了重重困难。

其实,在 1969 年 4 月 29 日,三家合并企业之一 Shiro 的时任总裁井上次郎突然去世。这对新公司的发展造成了很大的阻碍。Shiro 当时的财务状况不佳,或许是由于快速发展造成的负面影响,资金处于周转不灵的状态。

为了避免资金短缺,除了冈田屋的资金之外,冈田的个人资产也被迫投入其中。尽管暂时解决了资金方面的问题,但 Shiro 的危机还远远没有解除。

或许是出于对未来的担忧,部分员工以遭到不公平待遇为由,组建了 JUSCO 工会。时间正好是三家企业联合组建 JUSCO 工会(后来的 JUSCO 总工会)的前一天。结果导致一个组织里同时产生了两个工会。

这种情况其实不容乐观,反而是一种阻碍。

小嶋从中感受到整个组织将从内部崩溃的危机,对此她从未妥协,而是直面困难,力求以直言正论彻底解决矛盾。

不同的企业拥有各自的历史和沉淀，在将其合并为一体时，小嶋始终秉持着完全公正、公平的态度，部分员工却对此存有疑议。尽管小嶋还曾调用本金来弥补待遇方面的差距。

这些问题产生的间接原因在于，员工对于公司的实际情况一直知之甚少。公司管理方面存在漏洞，导致信息未能准确传达给所有员工。

尽管如此，对于以 Shiro 的员工为中心结成的 JUSCO 工会，小嶋仍然以真挚而严厉的态度面对每一名成员，与其正面沟通。在此过程中，她从不轻易妥协。因为轻易妥协必然会给未来埋下隐患。

"回想起来，当时的自己真是异乎寻常地执着。"她本人也忍不住感慨。为了让两个工会合二为一，她努力用道理来说服员工们。

Shiro 的员工过去或许从未接触过小嶋千鹤子这样的人物。他们对小嶋千鹤子从最初的排斥逐渐转变为信任，并最终解散了自己组建的工会，归并到 JUSCO 总工会。

合并准备工作基本就绪后，冈田屋于 1970 年正式将冈田屋连锁、Futagi、JUSCO 合并为一体（第一次合并）。

至于对 Shiro 的处理，冈田卓也的决策是先将冈田屋与 Futagi 合并，Shiro 则以"京阪 JUSCO"的名义暂时分离，待赤字问题解决之后再与 JUSCO 主体合并。冈田说若 Shiro 的井上总裁尚在人世，自己将会放弃 Shiro。但人既已离世，舍弃 Shiro 的做法则与自己的信条背道而驰。毕竟三人曾经志同道合，共同许下了合并的承诺。"绝对不能放弃 Shiro"，冈田下定决心，将 Shiro 更名为京阪 JUSCO。另外，冈田明确表示京阪 JUSCO 属于 JUSCO 集团的一部分，请求客户和金融机构给予资金或交易等方面的支持，以便逐渐提高公司的业绩，并在两年后的 1972 年，正式实现合并。卓也履行了自己的诺言。

7 JUSCO 的根基——发挥专业管理者真正的价值

1970 年，在冈田屋与 Futagi 第一次合并后，双方一直以来的合作得以大步向前推进。

东北 JUSCO 与家电专卖店星电社开展业务合作，山阳 JUSCO、西奥羽 JUSCO、Kakudai JUSCO、福冈 JUSCO、大分 JUSCO、山阴 JUSCO、中国[①] JUSCO、JUSCO Okuwa、信州 JUSCO、扇屋 JUSCO、北陆 JUSCO、伊势甚、伊势甚连锁等地区企业法人先后诞生。此外还着手进行 Izumoya、橘百货店、Hoteiya 的重建。

在此期间，DIAMOND CITY 在东住吉开业，由 JUSCO 与三菱商事共同出资开设，是一家真正意义上的购物中心。1971 年，日本首家由百货店与 JUSCO（GMS）双核运作的购物中心在奈良开业。1972 年，提前实现收益改善目标的京阪 JUSCO 终于完成与主体的合并，这一点之前已经介绍。

[①] 指日本的中国地区，位于本州岛西部，由鸟取县、岛根县、冈山县、广岛县、山口县五个县组成。

JUSCO采取四大地区总部联合的体制，分别为兵库地区、关西地区、东海地区、三重地区。大致来说，兵库地区主要为原Futagi的店铺，关西地区主要为原Shiro的店铺，东海地区、三重地区则以冈田屋为主。

设立以JUSCO为主体的地区企业法人具有十分重要的意义。由于零售业具备"区域性产业"的特征，若从其他地区调入，店长上任后很难迅速掌握当地顾客的特点、购物动向或当地特色活动等信息。

另外，这种做法还包含了小嶋与冈田对当地的关怀。

"我们所坚持的原则是，购物中心必须与当地的人们紧紧联系在一起。购物中心是激发地方活力的核心所在，居住在这片区域的众多消费者将感受到便利和魅力。大家都会向购物中心聚集，享受生活的乐趣。"

小嶋在《足迹》中这样写道。

但在另一方面，若一味强调地域限制，则容易陷入高层管理人员独断专行的局面当中，即使能力出众也没有多少施展的空间，这一点也是事实。因此，JUSCO将总部和集团整体均作为优秀人才活跃的舞台。

在全新的JUSCO时期，四大地区与总部之间、各企业之间均进行了人事交流（调职）。

例如，在全国范围内举办销售竞赛和收银竞赛。先在各个店铺开展内部竞技，择优参加地区赛，继而选拔优秀人才参加全国四大地区的决赛。通过这种方式，公司的一体感与竞争意识相互交织，令员工们热情高涨。

其中，收银竞赛的桂冠每年都被关西地区（原 Shiro 公司）的员工收入囊中。原 Shiro 公司的士气之振奋自不必说。

调职一般会给人留下降职、遭贬、被逐等负面印象。但在 JUSCO，调职意味着"被选拔的人才"。

在冈田屋时期，每逢新店开业，都会从"现有店铺"中选拔包括女性在内的优秀员工出任新店的部门指导者。JUSCO 也是如此，从不同地区的各个部门遴选优秀人才，按照相同的人数进行调职，例如往三重地区调往兵库地区，或从兵库地区调往三重地区。

这种交流方式在人员合并方面也取得了明显效果。地区企业法人与 JUSCO 之间也采取了相同的方式。干部人选从人事总部选定并任命。

为了培养公司运营方面的候补干部，JUSCO 会选派员工担任地区企业法人的负责人。实际上，被派遣的员工原本只需要承担部门的责任，到地方之后却要承担公司整体的运营责任、B/S 和 P/L[①]责任，以及成长性方面的责任，可谓是真真切切的实地学习。

---

① B/S：Balance Sheet，资产负债表；P/L：Profit and Loss Statement，损益表。

JUSCO 大学也不仅仅服务于 JUSCO 主体,而是集团整体的专业人才培育场所和交流平台。

JUSCO 倡导联邦制经营,在设立地区企业法人,将业务范围拓展至全国的同时,着手发展专卖店和海外业务。1973 年,与 Minamicolor 共同出资设立了从事 DPE 业务和照片用品经营的 Jusphoto 公司,继而又设立了女装品牌 Emiizu、从事保险和不动产业务的 JUSCO 兴产,还与韩国大型食品生产商味元合并创办了味元水产(现在的大象水产),建立了 JUSCO de Brazil 农牧场,并与伊藤万及 R. MI 公司共同出资,在澳大利亚的塔斯马尼亚岛设立了 R. MI. JUSCO 牧场(现在的 Tasmania Feedlot)。

1976 年,JUSCO 在东京、大阪、名古屋各证券交易所的第 2 部市场成功上市。

同年,小嶋创立了 JUSCO 大学研究生院,目的在于培养 JUSCO 大学的高级管理人员。研究生院以经营管理方面的政策问题为课题,导入了案例研究法和商业游戏等体验式学习法。研究生院成立时的教授阵容具体如下(大学名称与职称为当时的说法):

经营企划　神户大学教授　占部都美

财务管理　早稻田大学教授　青木茂男

劳资关系与人事管理　一桥大学教授　津田真澂

组织开发行动科学　大阪大学教授　三隅二不二

经营学 东洋大学教授　川崎进一

劳动法 明治大学教授　松冈三郎

市场营销 庆应大学教授　片冈一郎

产业心理学 早稻田大学教授　本明宽

经营环境 经济学博士　林信太郎

广告学 早稻田大学教授　小林太三郎

工资理论 早稻田大学教授　西宫辉明

营销管理 神户大学副教授　田村正纪

管理会计 大阪大学教授　宫本匡章

决策理论 产业能率短期大学副教授　森田一寿

国际形势 产业能率短期大学副教授　小林薰

国际问题 亚洲社会问题研究所　泷田实

小嶋对高级管理人员学习方向的把握和期待值之高由此可见一斑。

这里我们将时间稍稍往前推移。1971年，小嶋实施了一次全新的工作方式改革，即"新休假体系（New Holiday System）"，这套体系在今天依然适用。

零售业的特点是周末和节假日营业，每周固定休1天，而新制度打破了这种常规的休假概念，由各店、各部门结合每年的季节性指标来决定月度的休假天数。当然不只是单纯地决定休假天数，前提是要做好工作、任务的部署规划。最后由本人根据工作安排提出休假申请。

最初的计划休假天数为每年 75 天，另有两次六连休，以及用于突发情况的 10 天调休，因此刚导入新休假体系时，每年的休假总天数为 97 天。

1976 年调整为每年 120 天，并导入了总劳动时间的概念，更改了休假方式，可按小时计算分期休假。

例如，2A 是指将早上的出勤时间推迟 2 个小时，1P 是指将下班时间提前 1 个小时，属于弹性工作制。因此，必须提前 1 个月做好工作、休假和轮班的安排。时间方面具有灵活性的同时，要确保核心工作时间。

新休假体系刚刚导入时，遭到了营业部门的强烈反对，但小嶋坚持执行。当时，劳动基准监督署没有按小时休假的概念，拒绝接受这种就业规则。尽管没有违反劳动基准法的规定，但小嶋还是耐心地向监督署解释劳动基准法的精神实质，获得了他们的认同。之后，当定期休假普遍被取消，全年无休的工作时代到来时，引入弹性工作制的其他产业也有所增加。结果，应聘人数自此急剧增加，招聘活动与以前相比要轻松许多。

另外，针对连休假的使用，公司还举办了"业余时间活用研讨会"，促进员工自我发展，为员工的学习提供支持。这或许也是重视员工教育的小嶋独有的创意。

此外公司还采取了包括编写完善各类指导手册在内的其他人事措施。手册范围涵盖所有的部门，包括店长、商品部员工、筹备委员长、销售主任、商品部门手册等多个方面的内容。各类手册均由各地区精挑细选的部门优秀人才集中进行编写。

竞赛活动上文已有提及，除了销售竞赛、收银竞赛，公司还引入了POP竞赛、销售师制度、事务管理师制度，力求实现自下而上的员工管理。

员工的教育培训分层级进行，包含三个层级。领导层的培训重点在于工作分配技术、OJT[①] 和领导能力。主任和股长层级的培训则以目标管理、MTP[②] 等有助于胜任管理职位的基础内容为主。

对于科长级别的员工，一般通过方格训练研讨会让他们了解自己的管理风格，培训内容以促进态度的改变、改善为主。

培训具体细分为新任职培训、现职培训和候补培训三个阶段，明确各层级员工的职责和必备知识。

为了让员工学习并掌握连锁店经营所需的实际业务知识，公司结合自身实际创建了标准化的"商业经营基础讲座1、2、3"课程。

[①] OJT：On the Job Training 的缩写，意思是在职场中，上司或技能娴熟的老员工通过日常工作对下属、普通员工或新员工等，针对必要的知识、技能、工作方法等进行教育的一种培训方法。

[②] MTP：Management Training Program，管理能力训练计划。

对于经营者的教育培训，公司要求所有的管理人员都必须参加凯普纳·特里戈（Kepner Trigo：KT决策法）研讨会，这项培训计划也由公司内部完成。公司还积极开展了外部企业或海外的参观考察活动，以拓宽员工的视野，并导入了前往国内大学学习的制度，派遣优秀员工进入庆应大学、早稻田大学的商学院深造。

以干部为对象开展的研讨会上，川崎进一教授举办的关于加尔布雷思[①]《新工业国》的轮读交流演讲令人惊叹。小嶋可能已经预见到，对于新生的JUSCO而言，大量的"技术专家[②]（由具有专业化知识和经验的经营管理团队进行企业决策）"必不可少。

尤其值得强调的是，在JUSCO大学的培训课程中，设置了"管理者""教育者""财务主管""库存管理员""IN员工"等组织结构图中未包含的新职位。IN是International的缩写，目的在于为今后企业的国际化培养人才。这些普通员工和专家阵营都是大规模组织运营管理不可或缺的组成部分。

作为一名人事领域的专业管理者，小嶋实施的多项举措时至今日依然历久弥新，她于1977年辞去了JUSCO的职务。

自23岁出任冈田屋和服店总裁以来，小嶋从事经营管理工

---

① 加尔布雷思：John Kenneth Galbraith，美国著名的经济学家。
② Technostructure。

作已有38年之久。在弟弟冈田卓也接任总裁之前的7年时间里，小嶋承担着总裁、卓也的教导者以及姐姐等多重角色，一直是公司和全家的顶梁柱。

虽然在大阪开书店期间有过短暂的休憩时光，但在1959年，她再次回到冈田屋的奋斗一线，作为管理部门的专业经营者全力为冈田卓也提供支持。

经过合并而成立JUSCO后，小嶋充分发挥出自己作为人事负责人的实力，使企业成功实现了合并。在JUSCO拼搏的8年间，小嶋对新公司的理想面貌仿佛一手在握，接二连三地实施新对策。她时而是运筹帷幄的参谋，时而又铁面无情地发号施令，大胆地向困难的课题或问题发起挑战。她既是守护弟弟冈田卓也的家长，也是刚刚诞生的JUSCO的守护神。

"我之所以能行走全国，寻找志同道合的零售业经营者，倾尽全力地与他们开展合作谈判，都是因为千鹤子一手帮我挑起了巩固JUSCO内部团结的重担。她有时还要扮演恶人，对员工极为严格。'你想把公司搞垮吗?'经常有干部被小嶋斥责。她是JUSCO的精神支柱。"

冈田卓也在自己所著的《零售业的繁荣是和平的象征》一书中如此写道。

没有小嶋就没有企业的成功合并，更没有JUSCO未来发展的轨道。

在本节的最后，我想引用《足迹》中的一段话。

"人事工作始于对人的了解。对人的了解则源自对人的爱。爱就是理解，是深入的了解。每个人都是与众不同的。我们要认识到其中的不同之处。对于每一个人，我们要了解他所经历的过去，了解他对未来生活的期待，了解他当前的状态，让他拥有奋斗的目标。

"人事负责人的工作从了解一个人开始。为此，首先要做到认真倾听，仔细观察。人事的基本是对人的爱。"

小嶋对待员工虽然严厉，但究其根源，在于她对员工、对商业深沉的爱。

8 卸任后的愿景——以10年为区间的人生目标

1977年,年过60岁的小嶋辞去了JUSCO董事的职务。曾将董事的退休年龄定为60岁的小嶋毫不犹豫地予以执行。为了不开先例,避免出现董事一直留在公司任职的情况,小嶋才决定以身作则。其中也包含了希望年轻人接过接力棒的鼓励。小嶋认为,无论什么时代,比起年轻人的过错,"老人的跋扈"反而更有害。

小嶋在辞去董事一职的同时,就任了公司的专职监事,担起了公司的监察职责。而且,小嶋没有退居内院,而是搬到总部的一间办公室,从电梯上下来便可径直前往。之所以没有选择避开员工的僻静场所,是为了方便员工进出,无须通过前台,让所有人都能毫无障碍地走进她的办公室。

自1977年到1981年担任监事的四年时间里,对于自己创立的JUSCO,小嶋在确保其健全性的同时,也守护着公司的发展。如果有比较在意的问题,小嶋会找相关负责人询问详细的情况,然后针对个人或组织采取相应的整改措施。

另外，对于促销方式的成本效益较低等 JUSCO 营销策略上的薄弱环节，小嶋也提出了建议，并且定量把握畅销商品和库存之间的关系，通过实证对其意义进行检验，对商品部、商品经营进行指导。

小嶋还会定期检查常务会、董事会的议事记录、审批文件，询问作出决策的依据。除了总部之外，小嶋对各地区的业务运营、管理也颇为关注。她会指出原因与结果之间的关系、提议者能力方面的不足或缺乏远见等各地区存在的问题。小嶋所任的专职监事并非挂名的闲职，因此她在追责、指摘方面也十分严格。

1981 年，小嶋辞去监事一职，成为公司的顾问。这一年她65 岁。

尽管担任的职衔不再负有法律责任（总部是否设有顾问办公室我已经记不清了），小嶋还是会定期去总部。不过与担任监事时期不同，她把重点放在对经营的指导上，为地区企业的总裁、干部提供咨询，并为关联子公司的青年总裁举办学习会，开展具体的培训指导。

从那时起，小嶋便源源不断地接到来自地方商工会所/商工会、商业联合会等因公或因私的演讲委托。她虽然欣然应允，但最终还是从商业一线隐退了下来。

小嶋于1989年（73岁）前后开始学习陶艺。她曾公开宣称要创作3000件作品。在被山茶花环绕的庭院中，她建了一座窑炉和一间用于炼泥的工作室，空间十分开阔。小嶋年轻时就以绘画收藏家而闻名，不过对于陶艺作品，她也拥有丰富的收集、研究经验。陶艺的学习应该是经过了精心准备和长时间的构想之后所做出的选择。听说她要学习陶艺时，我感到很困惑："咦，她为什么会选择陶艺？"但当小嶋的美术馆"Paramita[①] Museum"开业时，我感觉所有的谜团都迎刃而解了。而那时，距小嶋开始学习陶艺已有14年之久。

小嶋所有的作品均为"手工制作"，没有使用陶轮，而且釉药采用生坯挂釉的方式。起初她跟随当地的陶艺师学习，之后开始自己创作。陶艺方面的知识自不必说，最重要的是从揉泥、上釉、入窑、烧制等每个环节的实践中学习，这或许是小嶋从自己的经营管理经验中体会到的。

指导过小嶋的陶艺师曾说："小嶋女士已经拥有了超越技巧的某种特质，因此不需要特意强调技巧。这样更能体现出小嶋女士的感性。"

在2009年出版的作品集《指痕Ⅲ》的前言中，小嶋描述了自己的心境。

---

① 即波罗密多。

第1章 | 成就小嶋千鹤子的事物——身世与磨炼

"我从 73 岁开始学习制陶,到现在已经有 20 年了。烧制的数量虽然在逐年减少,但在去年,我还是制作了 100 只茶碗、100 只盘子,以及 30 只花瓶。能够在漫长的人生中享受充实快乐的晚年生活,既得益于大家的支持,也多亏走上了陶艺这条路,让我感受到了土壤的乐趣和火的神奇力量,能随心所欲地进行创作。回顾过去 90 多年的人生,与年幼失怙失恃、为生活而拼命的壮年时期相比,现在的晚年生活丰富且安详,还获得了意想不到的长寿,建成了 Paramita Museum 美术馆,让我收集美好的事物,正应了那句'结局好便一切都好'。这本《指痕Ⅲ》请大家笑纳。"

此后,小嶋的创作便从器物向"陶人偶"转变。她究竟经历了怎样的心境变化呢?她的每一件作品都是独一无二的。有些作品甚至能让观赏的人产生"这不正是我吗?"的联想。这些陶人偶既有憨态可掬、喜气洋洋的面孔,也有失意、愤怒,或自信满满的神态。无疑,小嶋描绘和创作的其实是人生百态。

制陶的小嶋仿佛"罗汉"一般超逸。

在 2011 年出版的《指痕Ⅳ》的前言部分,小嶋写了这样一段话:

"我做了不少陶人偶。陶艺是从 73 岁开始学的,今年我 95

045

岁了，人生已经接近尾声，对每个人各自的生活方式都有了一些感悟。其实无论度过怎样的人生都可以，每一种人生都会有喜悦和悲伤，只要珍惜每一天便无怨无悔。我用火将侍弄陶土的乐趣烧制成了'人生的缩影'，也是这本作品集的初衷，以博一粲。"

9 Paramita Museum——兴趣造就的景致（与丈夫小嶋三郎一携手）

Paramita Museum（以下简称"Paramita"）是一座凝聚了小嶋个人意志的美术馆。这座私人美术馆创立于2002年3月。其优势在于能够最大限度地展示个人的意志、个人的理念以及个人的表达方式。

另外，私人美术馆会受到财政基础薄弱等因素的制约，但小嶋认为即使存在这方面的制约，依然希望保持其特有的优势，坚持要建"私人美术馆"。Paramita的宗旨是展示真正纯粹的艺术家所创作的纯粹作品。

这里展示的艺术品均为小嶋对各作品作者的生活方式产生共鸣的作品，希望通过作品艺术性的表达引发人们更多的共鸣。小嶋注重的并非作品在社会或金钱方面体现出的价值，而是一味地追求艺术性。

美术馆内设有回游式庭园，常设展品包括池田满寿夫的"般若心经陶雕1300件"，丈夫小嶋三郎一的数百幅油彩、素描、粉彩画作品，这是美术馆最大的特色。

关于池田满寿夫般若心经系列的 1300 件作品，我想向大家介绍一下收藏作品的经过。池田满寿夫是著名的版画艺术家，晚年一直创作陶雕作品，般若心经系列则是他临终前的代表作。

小嶋见到该系列的作品集之后，便与丈夫商量购买事宜，得到了他极大的支持，于是立即开始交涉。当时池田满寿夫已经去世，作品的持有者是佐藤阳子。

经过一番恳切的请求，佐藤阳子前往小嶋家拜访，见到了小嶋千鹤子和她卧病在床的丈夫。不久后，小嶋三郎一也离开了人世。千鹤子答应了佐藤阳子提出的保管全套作品的条件，买下了般若心经系列。据说双方经过一年多的沟通，最终决定"建一座展示这些作品的美术馆"。

整套作品在热海的满阳工房进行交接，由日本通运①的静冈分店美术部负责打包和装运。在卡车即将出发时，佐藤阳子突然开始放声歌唱。她唱的是一首哀切的离别之歌。其中的爱意和悲伤实在难以形容。

在场的人闻之无不流泪，卡车久久不能出发。

其他收藏品中也都蕴含了各自的情感和故事。Paramita 美术馆于 2003 年 3 月 15 日正式开业，小嶋千鹤子任馆长。开馆时的特别企划展推出了两名青年陶艺家的作品。他们是京都陶艺家

---

① 日本通运：日本最大的综合物流企业。

大御所的孙子近藤高广和内田钢一。两人都是将来大有作为的新锐艺术家。

尽管已经远离职场，小嶋依然有心培养年轻人。

10 姐弟二人的内心深处——风树之叹

父亲离世时，千鹤子11岁，卓也年仅2岁。母亲亡故时，千鹤子20岁，卓也11岁。

这些往事小嶋鲜有提及，卓也因过于年幼，连父亲的面容也记不清了。关于姐弟两人前往母亲养病的富田滨探望的事前文已有描述，养病场所被松林包围，环境清幽静谧。用于防风而大片种植的松树林风声凛冽，来自铃鹿山脉的疾风与海上吹来的海风呼啸而过，正如《韩诗外传》中所说的"树欲静而风不止，子欲养而亲不待，去而不可得见者，亲也"。父母爱护子女，而子女希望为双亲尽孝时，父母却已经亡故，是双方内心的真实写照。

出于这方面的考虑，从冈田屋时期开始，公司便为伊势湾台风①灾害中幸存的孤儿创建了"风树会"，通过校长的推荐为他们捐赠育英资金，另外还为因交通事故丧失双亲而被迫辍学的孤儿提供捐赠。

---

① 伊势湾台风：1959年9月在日本登陆的5级台风，带来了巨大的灾难，造成了4697人死亡。

千鹤子（右）在 100 岁寿宴上，卓也（左）陪同。

之后，卓也设立的公益财团法人冈田文化财团的公益事业于 2017 年正式成立了"风树会"，再次为因家庭贫困而无法升学的学生们捐赠育英资金。

Paramita Museum 也于 2005 年 4 月捐赠给了公益财团法人冈田文化财团，小嶋就任名誉馆长。

对热爱文化、艺术的双亲的缅怀，自幼失去父母的遗憾等人生百味便以这种形式得以保留，并向下一代传承。

2018 年，小嶋千鹤子已达 102 岁高龄。在足以破纪录的酷暑中，她健朗依旧，还订阅了《经济学人》（*Economist*）杂志。

# 第 2 章

好好活下去

——小嶋千鹤子的人生哲学

1 为实现自己的成长、成功应该怎么做？

"每个获得成功的人都拥有自己的理想。他们善于朝着理想开发自己的能力。这就意味着若能将自己的潜力发挥到100%，任何人都可以如愿以偿。"

令人颇感意外的是，小嶋推荐的书籍中竟然有大岛淳一的作品。作为墨菲成功法则系列的译者，大岛淳一具有很高的知名度。按照他的说法，因进化论而广为人知的达尔文认为："学问上的成功与其说是头脑好，不如说是心态好。"

所谓的心态其实是某种特别的知识和技巧，与认真、正直、勤勉等品质方面的东西大不相同。大岛淳一认为，成功实业家的共通之处在于，对于自己的事业规划或目标，他们能够清晰地看到成功时的具体状态。他还强调，要尽可能地将目标想象成具体画面。就像人们所说的，只有曾经梦想过自己的形象特写出现在大银幕上的人，才有可能成为一名真正的演员。

简而言之，不能只是一味地遐想，要仔细描绘自己获得幸福或取得成功时的画面，朝着更加清晰具体的目标努力。

冈田屋时期第一次赴美国考察时，小嶋便清楚地看到了日本零售业的未来景象。

冈田卓也同样感受到了流通变革发生的具体场景。可以说正是由于预测到购物中心时代的来临，两人才主动选择合并，作为实现零售业现代化、大规模化的重要手段。

小嶋推荐的书籍中，有一本出版年代较早的书，是由约翰·W. 肯瑞克（John W. Kendrick）、约翰·B. 肯瑞克（John B. Kendrick）所著的《"丰裕"的自我管理术》（山根一真监修，山根信息组译，日本生产性本部）。根据书中的观点，做出幸福或成功的选择其实是一门"科学"。通过提升个人能力，提高自己的生产力，贡献自己的价值，从而获得精神和物质上的满足，这才是真正的幸福和成功。具体来说，我们必须准确高效地选择时间和资本的使用方法，并且还要利用长期目标来进一步强化选择的有效性。"教育"便是一项极为有效的投资。

一有机会，小嶋就抓住员工问这样的问题："你在自己的'教育'上投入了多少时间和金钱？""有没有积蓄？""你为自己的将来做了哪些打算？"等。一个人能否成功，做出怎样的选择，如何分配有限的时间和金钱，毫无疑问需要知识和技巧，也就是所谓的"心态"。

许多成功人士终身都以谦虚谨慎的态度不断学习积累,向着目标奋进。

小嶋希望通过提问的方式,唤起员工这方面的意识。

2　学习先哲的智慧

"在短短的五十年时光里,一个人能拥有的经历其实十分有限。不过,我们能从包括前人在内的、自己以外的许多人身上汲取智慧。这是我们人类才有的神奇特权。"

小嶋认为人生当中最重要的是拥有"良师",更准确地说是主动寻找良师。人无法独自存活于世。这是人类得以生存下来的历史教训。人活着离不开书籍、好友、同事、老师、上司、下属的支持。书籍中的智慧不胜枚举,包括前人的教诲或生活方式、工作方面的知识和技能等。既不读书,又不听从旁人的教导的人,如何能赢得别人的尊重和信任呢?

师徒之间的缘分应由受教的一方来主动选择,让老师迎候弟子入门、自上而下建立师徒关系是不可能的。更何况,师徒之间的关系不存在双向性。弟子要从老师身上学习智慧和技能,跟随老师学习正确的"学习方法"。

老师也可以是自己的上司。

不过，一旦选定了老师，就要按照自己的方式彻底进行诠释。这样一来，老师的一言一行迟早会对弟子产生潜移默化的影响，双方最终达到同步。师徒之间的关系便是如此。

我们也可以把书籍当作自己的老师，阅读书籍要注意理解透彻，阅读杂志则要持之以恒。

小嶋在其作品《足迹》一书的开头便致辞，对经营管理方面的诸位恩师表示感谢。他们都曾教导过小嶋，深受她的敬仰。

虽然书中没有刊载，但除了商业方面的知识，小嶋对东方哲学也有很深的造诣。她从石田梅岩、安冈正笃、清水龙莹、彭罗斯（E. T. Penrose）等人的著作中也学到了很多东西。安冈正笃还曾为 JUSCO 联邦制经营管理章程的制定建言献策。

从 JUSCO 大学的各类讲座中可以看出，小嶋构建的是拥有庞大的书籍阅读量、涵盖多个知识领域的人脉网。

3 漫漫人生的宏图设计

"要是活到我这个岁数,你会怎么做?"

写这本书时正值 2018 年 8 月,102 岁的小嶋所说的话极具分量。

人们常说在这个时代,人活到 100 岁已属稀松平常。假设 65 岁从公司退休,那么至少还有 20~30 年的人生需要设计。这么长的岁月不能仅靠休闲娱乐来度过。

问题在于资金方面是否充裕,以及身体是否健康。受这些因素的影响,情况将全然不同。

我记得小嶋退休之后,经常问前来看望自己的员工:"要是活到我这个岁数,你会怎么做?"她会告诉他们:"接下来的人生还很长啊"。

小嶋对员工是否做好自我管理十分关注。她比常人更加注意自己的健康,在健康管理方面极为谨慎。饮食习惯自不必说,她还会定期进行身体检查。健康管理是做好自我管理的重要部分。员工若因放纵怠惰的生活而患病，会受到很严厉的批评。

不注意健康的人不能进入公司的领导层或在其他重要岗位任职。因为健康的身体不仅仅关系到个人，还可能影响公司的命运。

另外，确保退休之后的漫长人生能拥有足够的生活费也极为重要。若没有积蓄，仅靠养老金度日，晚年生活将十分困难。

最后一点是选择什么样的"活法"。如果没有任何目的或目标，只是麻木地活着，那么并不能称之为人生。

小嶋对员工的询问"要是活到我这个岁数，你会怎么做？"中也包括这层含义。

60岁从永旺退休之后的十数年里，小嶋的生活可以用"兴趣人生"来概括。与丈夫共同享受一段平和宁静的时光，全身心地沉醉于陶艺中，被大自然的草木包围，开设了私人美术馆，展示过去收集的绘画、陶艺品、美术品等，并在开馆之后，为自己喜爱的艺术家举办了特别企划展。这也归因于年轻时专心致力于经营管理的40年积累。

所谓的先忧后乐，或许正是如此。

从今往后，国家或企业的政策自不待言，每一个人都应该认真思考如何生活。

当然，既有人选择为事业奋斗终生，也有人像小嶋一样投身于自己的兴趣爱好。德鲁克①预见了非营利组织时代的到来。如今，参加志愿活动等让人们的人生选项进一步增加，甚至还可以选择前往国外参加志愿服务。

人们说小嶋的陶艺已经超出了业余爱好者的领域，具有某种更深层次的表达。我想这并不是指技术或技巧，而是匠人们所共有的思想性。

琳达·格拉顿（Lynda Gratton）和安德鲁·斯科特（Andrew Scott）在其所著的《人生转变》一书中解释说，熟练掌握事物必须有一定的"自我效力感"和"自我主体感"，而以 10 年为区间制定人生目标，并为之不懈努力的小嶋，其人生设计的精彩之处实在令人叹服。

在人生路上，我们必须时刻谨记，尽早做好人生的设计、准备。

---

① 德鲁克：彼得·德鲁克（Peter F. Drucker），"现代管理学之父"，其著作和思想影响深远。

4 好好活下去

"勤勉胜于一切。"

欲望分为很多种，如金钱欲、占有欲、名誉欲、权力欲、支配欲、自保欲等，各不相同。物欲是肉眼可见的，但其他看不见的欲望很难把握。不管怎么说，任何人都有欲望，关键是程度的问题。适度的欲望可以成为我们行动的原动力，毫无节制的欲望则会破坏健全的社会生活。

近年来，为了一己私欲，让员工在恶劣的劳动条件下工作，为了攫取利益向客户提出不正当的要求，串通投标，篡改品质数据，隐瞒资料，政府官员、政治家的"失忆症"，对顾客的种种欺骗，欺诈性的经营行为，以自身责任为名的赌博性经营等，关系到欲望及道德的事件层出不穷。

当今时代，比起生产商品或提供服务的经济活动，以投资回收为名的金融经济活动方兴日盛，跨越了国境的限制，也不受时间的制约。

只有当从事经营管理的人或高层管理者的道德标准受到质疑，且用同样的标准要求员工时，企业的公共性才能得以维持。

人之所以为人，是因为他们可以在不依赖外部压力的情况下控制自己。幼儿虽然一时无法做到，但会在成长过程中逐渐掌握。成年人就更不必说了。

若让自己心中的情感或欲望放任自流，就无法顺利走完漫长的人生道路。有时我们需要通过抑制和忍耐来改变前进的方向。这就要求我们用智慧和理性来约束奔放的情感或欲望。换句话说，我们需要掌握自我管理的技巧。

所谓好好活下去，并不是指精通处世之道，而是指面对自己所处的环境或境遇，既不随波逐流，亦不愤世嫉俗，依靠自己的力量，活用自己所拥有的一切。"活用"即字面意思，指灵活发挥、有效利用。

小嶋告诉我们要有自己的标准，不要死乞白赖地强求，不可觊觎别人的东西，也无须逞强，不要被他人或周围的环境所左右。更确切地说，自己的标准是指"选择标准"和"价值标准"。问题在于如何进行选择和舍弃，仅此而已。

即使是现在，小嶋也会提前将所有家庭开支交给保姆，要求保姆在此金额范围内合理安排。其他特殊支出则由小嶋按照自己的计划来控制。

我曾问她："小嶋女士，您有存钱的诀窍吗？"她答道："要勤俭节约。不管怎么说，勤勉胜于一切。"她的回答令人无比信服。

5 信任的基础是责任感和使命感

"店长作为地区的企业代表,最重要的是要抱有服务当地顾客和对数百名员工负责的工作使命感。"

这是小嶋在店长研讨会上的发言。

与他人的"合作"的重要性不亚于拥有良师。仅凭一己之力什么也做不了。

店长必须设法激发员工的干劲,促使员工做好每天的工作,拿出合作的成果。店长若得不到员工的信任,就很难使下属甘心跟随。对很多人而言或好或坏都有影响的店长职位,小嶋一直非常重视。

约翰·P. 科特(John P. Kotter)在其所著的《幸之助论》中,对领导的作用进行了如下论述:

"谦逊、尊重他人、有新经验、勤勉乐观的领导可以成为良好的榜样。事物的发展最终需要依靠广大员工的力量,而不是领导。但是,在最大限度地挖掘集团的潜在能力上,优秀的领导能发挥极大的积极作用。关于松下幸之助经营管理方面的著作中，包含了一条最基本且普遍默许的前提，那便是，想要事业获得成功，消极的世界观和对人的潜在能力持否定态度的假设是有害的。"

还有一点需要注意，领导者若想管理好下属，发挥出色的领导能力，"获得信任"可谓举足轻重。只有得到下属的信任才能有效发挥领导力。

信任关系若未建立，就不能委以重任，也无法赢得大家的支持，只能止步于下令者与听令者、支配者与被支配者之间的关系。

那么，信任的基础是什么呢？关键在于有责任感。

责任可以体现在广度和深度上，但这因人而异。能把别人的事情当作自己的责任而采取行动的人无疑值得信任。另外，深入挖掘责任所含意义的态度也令人钦佩。责任心强的人能担重任。将责任看得比头衔重要的人往往能赢得大家的认可，能使大家齐心协力完成工作任务。

在JUSCO时期，某家店铺曾发生一起重大的投诉。投诉的内容是未能让顾客满意。这类事件在某种意义上处理起来十分棘手。店长N多次尝试与顾客沟通，但始终未能得到对方的谅解，即使N在店里给对方下跪道歉，对方依然不肯接受。当时周围有不少顾客都看到了这一幕，但 N 还是坚持跪地表示歉意。

最后他终于听到顾客的一句"算了"，纠纷顺利解决。而对于这件事，N 在公司却只字未提。

"N 做得不错。"小嶋评价道。

之后，N 先后担任了公司的重要职位。这并不是解决问题的功劳，而是对其强烈责任感的肯定。N 也因此备受他人尊敬，赢得了许多下属的爱戴。至今还有人自豪地说："我是 N 带出来的学生。"

所谓的"有所成就"便是如此。

6 拥有高纯度的自我标准

"若以低标准不断妥协，个体将逐渐变弱。这个道理同样适用于企业，个人更是如此，因此标准严格一些则刚刚好。"

战争结束后，在店铺复兴之前的一段时间里，冈田屋支付补偿金辞退了店里的员工。大部分人在解雇后仍然积极面对生活，但当时物资匮乏，黑市猖獗，一些熟悉商品经营的员工也染指黑市，赚取不义之财。

待经济逐渐稳定后，有的员工提出复职的请求。不过，对于参与过黑市经营的人，小嶋都坚决拒绝。

相同的情形也曾出现在 JUSCO 时期。泡沫经济风头正盛时，因无法抗拒一时的诱惑而跳槽的部分员工，在经济不景气的情况下又希望回到公司工作。

对此，小嶋仍旧断然拒绝，并严命下属不予聘用。因为这些人缺乏道德观念。员工一旦离开便不会再次雇用，对于提出离职申请的员工也不会刻意挽留。"去者不可追"是人事的根本。

小嶋因对伦理观念淡薄、动机不纯、标准较低的人格外严厉而闻名。企业内部的员工自不必说，她对其他公司的相关人员也一视同仁，且对高层职位的要求尤其严格，公司合并之初这些人就没能就任要职。不了解情况的人曾指责她在三家合并时实行差别对待，只重用冈田屋出身的员工，但小嶋始终不予理会。特别是喜爱赌博、酗酒、企图与同行勾结、别有用心（爱揣度上司的想法）、喜欢与异性交往等品行不端的员工，不被重用也是理所当然的。

不过，标准松懈的企业虽然令人感到反常，但要排除这些负面因素却很困难。

"没有垃圾桶的房间很快会变脏。企业也一样。垃圾若不及时处理，例如一颗腐烂的苹果若放任不管，其他东西很快也会变质。处理垃圾也是人事的重要工作。"小嶋在人事负责人参加的会议上经常这样强调。

事实上，公司合并初期执行了多起惩戒处分。随着标准的严格化，过去被放任或忽视的问题全都暴露了出来。

正因为小嶋本人的无私和纯洁，她才无法容忍他人的污点。对不正之风，她坚决予以严惩。她不仅要求公司承担法律责任，而且严格要求员工们履行义务。

7 知而不为,犹如不知

"我们必须时刻做好迎接大动荡的心理准备。那时,仅依靠我们自己的经验将很难克服困难。因此,我们有必要学习前人的智慧、经验或历史教训。"

小嶋几乎没有谈论过战争。

因为遭遇不幸的并非只有她自己,所有人在战争中都会失去一些东西,包括钱财、商品,甚至心灵。毋庸置疑,个人无论如何挣扎都无法摆脱战争酿成的悲剧,所有人都是不幸的。

小嶋从包括战争在内的危机中学到了以下三点经验。

首先是信息的重要性。其次是弄懂的事情要去执行。然后是做好应对危机的准备。战争期间,在信息受到严格管制的情况下,发布反战、厌战言论的人立即会被宪兵带走。当时,有一位热心的报社记者将"战争即将失败"的消息传递了出来。

小嶋没有一味地依赖舆论和政府公告。在仔细斟酌那位报社记者所说的话之后,她作出了战争即将结束的判断,并且预料到银行存款即将被冻结,于是将母亲留下的存款全部取了出来。据说这就是后来冈田屋的重建资金。从这次经历中,小嶋明白了只是知道知识或信息不行,迅速加以执行才是关键。虽然执行的过程中可能伴有风险,但只有执行才能得知结果。

另外,为了应对危机,小嶋平时会有意识地收集信息,思考危机出现时的对策,并且从不偏听盲从,而是依靠自己的判断能力和强大的行动力。

有一则逸事讲述了"知易行难"的道理。

从前,白居易向道林禅师询问道:"佛法的精髓是什么?"道林禅师回答:"诸恶莫作,众善奉行,自净其意,是诸佛教。"

然而,白居易却不以为意:"这个道理恐怕三岁小孩都会说。"对此,道林禅师说道:"三岁孩童虽道得,八十老翁行不得。"白居易顿时心生敬意,作礼而退。

归根结底,佛法并非诵经讲道,而是要身体力行。

8 女性如何在男性社会中生存

"过了四十岁,男人女人就都一样了。"

在冈田屋时期,小嶋就已经预见到,日本将和美国一样,进入女性大举参与社会生产的阶段,即以 M 形就业模式进入社会。

M 形是指女性就业的变化曲线,V 字形低谷代表育儿时期,育儿之前进入社会参加工作,育儿阶段退出,待到育儿时期告一段落后重返社会。

在日本尚未出现"零工"一词的时代,小嶋便开始招募完成育儿的家庭主妇。这些员工被称为"主妇雇员",引发了极大的反响。正如小嶋所料,不少高学历的家庭主妇纷纷前来应聘。

当时的女性员工通常都是单身,结婚的同时从公司辞职。雇用员工的管理层意识薄弱,很多方面还处于摸索阶段。虽然发生了将主妇雇员称为"大婶"导致她们自尊心受创等问题,但在当时小嶋的做法已经属于一大创举了。

数年后，小嶋作出了大范围招录女大学毕业生的决定。这种情况在当时的零售业十分罕见，还遭到了多所大学的反对。采访小嶋的报社记者等媒体人士也说："作为负责人事工作的女性常务董事，您还真是热衷于雇用女性员工呢！""（对于女性）或许更能理解吧。"对于这些言论，小嶋不悦地回应道："你应该多研究一下现在的社会形势。这与我是否作为女性没有丝毫关联。"

小嶋从不采用带有歧视性观点的策略。只要员工的意愿和能力满足要求，不论性别、国籍、年龄、学历如何，均予以招录或提拔任用。

不仅如此，她既不赞同女性解放的风潮，也不喜欢和男性群体激烈竞争的女性，在某种意义上甚至对女性极为严格。另外，对于女性以性别为由的"偷懒""逃避"，小嶋从不姑息。对于故作活跃的女性员工，她也会投以严厉的目光。

小嶋的女性人脉有某种连贯性，大致可以概括为有能力的人、值得另眼相看的人、值得尊敬的人等。例如，政治家尾崎行雄的三女儿，被称为"日本NGO先驱"的相马雪香，以及被誉为"人间国宝"的截金大师江里佐代子等，她们从未想过要在所谓的男性社会中竞争，但个个实力超群。

不过，小嶋的想法并不是要完全消除男女之间的差异。在生产前后和育儿期间，女性员工要回归职场，需要国家的保护和企业的理解，这一点小嶋考虑得十分周到。

此外，小嶋还根据自己的经验，针对高龄化社会中的老年人看护问题提出了自己的看法。

"一般来讲，女性的寿命更长，要看护丈夫的可能性很高，女性在人生的最后阶段被迫经历这些真的合理吗？这项工作若不由国家承担，女性的晚年将非常悲惨。"

关于在社会上生存的能力，重点是能力和欲望的问题，无论男女都需要面对。本节开头的引文是小嶋在处罚某个引发事故的女性员工时所说的话。

"东海啊，过了四十岁，男人女人就都一样了，工作也做，坏事也做，出轨也不稀奇，这就是所谓的好时代吧。"

我们或许应该重新考虑要如何自律了。

9 数量的积累能引发质变

"无论是好是坏,都要尽可能地多看。在看的过程中,慢慢地就能区分好坏了。总之数量上要看够。"

这是我询问小嶋"怎样才能提高观赏美术品或艺术品的眼光?"时得到的回答。她还告诉我:"试着从银座的一端走到另一端,逐一观赏每家画廊。多看看美术馆的企划展览、常设展览,以及百货商店的美术展等,总之数量上要尽量多看。"欣赏水平也会自然而然地随之提高。

小嶋平时并不关注销售额,但对于顾客数量、各类品种相应的销售情况等数字十分在意。

她对信息的处理也采取了同样的方式。如何获取信息虽是一大难题,但除了整体的动向之外,如何获取准确的信息,如何培养判断信息准确性的眼光更加重要。因此需要不断地收集知识。

看书,读报,仔细听别人说的话,培养从中提取真正有价值的信息的判断力。上文提到小嶋学到的第三点经验是做好应对危机的准备，这里的"准备"也包括提高判断力在内。

小嶋从神户大学平井泰太郎教授的讲授中详细地了解了第一次世界大战后德国的情况，并且进一步从书本中学习。据此，她对第二次世界大战后，战败的日本可能会出现的情形进行了合理分析，并马上付诸行动。

小嶋每天都要阅读五份报纸。五份报纸通读下来，便会发现针对同一个事件有的报纸看待问题的视角与众不同。在此过程中培养自己深思熟虑并判断一切的能力。若阅读杂志，就要持之以恒，阅读书籍则不可囫囵吞枣，要彻底读通读透。

通过这种方式可以得到真正有价值的信息，并在危急时刻成为高质量的知识准备。

10 赋予工作意义

"人事教育的工作很有趣。若将人为什么要工作作为现实主题进行研究的话,说不定能成为博士呢(笑)。"

我从外商企业调入冈田屋工作,被分配到人事教育部。我听说人事教育部很可怕,正感到忐忑不安时,小嶋说了这样的一番话。

人活着的意义上虽然没有统一的解释,但工作时间在人生当中占了大部分比重。工作的意义用马斯洛的需求五层次理论来对应的话就很容易理解了。

第一个层次的需求是为了生活而工作。第二层次的需求是找到稳定的工作。第三个层次是努力工作,作为社会的一员参与活动。第四个层次是希望自己能在工作中得到认可。第五个层次的需求则是圆满完成工作。

根据上文提到的肯瑞克的理论,无论是经营管理者还是普通劳动者,在进行职场选择时,关键在于选择"有发展性的企业"。"有发展性的企业"是指具备条件完善的工作环境，能够提高企业整体的生产率以及实际薪资的企业。

并且，肯瑞克明确提出了四种直接、间接的方法来提高劳动个体的生产率（直截了当地说就是报酬或待遇）。第一，要始终保持正面的精神状态。也就是说要有积极向上的人生观、职业观和价值观。因为在负面的精神状态下，任何事情都很难有好结果。第二，努力且高效地工作。第三，要增加知识和经验的积累，即通过自我启发和自主学习来提升自己的能力。第四，要保持友好的人际关系，努力与工作伙伴和当地的人建立友好关系。

不仅仅是个人，考虑到对家庭整体的影响，提高个人的劳动生产率确实是人生最重要的一部分。我们应该赋予工作什么意义，或许正是成长的秘诀。

对于小嶋而言，这可能就是"人为什么要工作"的答案。

11 变革期正是机遇期

"人都有迅速寻求安定的弱点，总会不自觉地寻找让自己安定下来的方法。越是老手，这方面的倾向越强烈。他们往往会产生自己所掌握的东西不容置疑的错觉。这样看到的局面只会越来越窄。这样的'专家'会给企业的未来留下祸根。企业的发展将进入停滞期。

"那么企业或许已经到了必须从根本上破坏、重新创业的时期吧。

"日本这个国家本身的社会发展也已经十分成熟，到了再次出现新困难的时期。如何渡过难关是我们全体国民需要面对的课题。"

工作在人生当中具有重大意义。

以前，工作的必要能力主要体现在"身体能力"上，也就是所谓的体力劳动，然而到了今天这个时代，工作必备的能力变成了相应的知识和技术。这无疑是日新月异的变化。而且，竞争不仅仅发生在日本国内，人们也可能与看不见身影的某个遥远国家的人之间产生竞争关系。对工作个体的要求越来越严格也是不可避免的。

泡沫经济崩溃二十多年来，企业环境发生了翻天覆地的变化。例如终身雇佣制的崩溃，企业年金制的瓦解，工资增长停滞以及实际薪酬的降低，劳务派遣的扩大化、固定化，过劳的常态化，自上而下经营模式导致的思考僵化，被迫退出职场，强制退休，等等。

人生规划的制定变得十分困难。

另一方面，地方上由于劳动人口的减少，经济基础的瓦解进一步加剧。由于招聘情况不理想或后继无人导致停业停产的企业接连出现，因零售店相继倒闭而引发的"购物难民"激增、需要看护的人口数量过多而看护人员严重匮乏等，各类不平衡现象的产生也是事实。

换个角度来看，这也意味着大量工作岗位、机会的到来。

我们应该以大破大立的气势去面对。

第 3 章

对企业高层和干部的一贯要求
——小嶋千鹤子的经营哲学

1 现场是一座宝库

"有什么问题吗?"

这是小嶋在巡查店铺或与员工见面时常说的一句话。

突然间被一位身穿藏青色伊势木棉套装,头发束在脑后,身姿矫健、眼光犀利的大姊搭话,大家往往会被吓一跳。认识她的人立即站得笔挺,紧张得脸都绷紧了,不认识她的人则露出诧异的表情:"这个人是谁啊?"

总之,小嶋千鹤子给人留下的印象通常是"严厉"。她对孩子及一般女性都很温和,但对男性和身居管理职位的女性尤为严厉。对待其他公司的经营者和干部,其严厉也没有丝毫改变。受到她表扬的人很少,被她斥责的人占压倒性多数。虽然有"严父"一词,但若用来形容小嶋,无疑是"严母"更加贴切。

"有什么问题吗?"通过一句简单的询问,除了工作上遇到的困难,客户的抱怨,商品脱销,上司、下属的矛盾等问题之外,还能了解到员工个人方面存在的问题,继而尝试为他们提供帮助。

总而言之，正因为她对员工真心实意的关心，即使被她训斥，当事人也会产生"小嶋一直在关注着我"的安心感。

一句"有什么问题吗？"包含了多层意义。

第一，提高员工对于现场的问题意识和关注。

第二，掌握员工的情况。

第三，激发员工的责任意识。

小嶋是天生的经营者，同时也是商人。作为商人，对于与"客人"直接接触的店铺设施、商品、员工等所有环节，都必须贯彻"店铺因客人而存在"的理念。她深知"店铺"中既隐藏着问题，也蕴含着宝物。一切经营行为最终都要归结于"店铺"，经营的起点同样也是"店铺"。因此，她才向现场单刀直入。

被提问的员工若轻易回答"没有问题"，在小嶋这里是行不通的。她会认为"不可能没有问题。这名员工的问题意识太弱了"，然后，接二连三地不断追问，直至听到员工的真心话，继而逼近问题的核心。

本质问题究竟是什么？是这名员工本身的问题，还是这家店铺、这个部门，甚至是全公司都存在的问题，上司是否了解情况等，以此锁定问题的根本原因。

并且，在回到总部后，她还会质问相关部门："发生了这样一件事，你们知道吗？"员工若不熟悉商品知识，小嶋会把能力开发部长叫过来询问："这个部门某一年度的员工，你们是怎么培训的？"让他对着培训课程逐项检查，检查商品知识手册的内容，弄清楚到底是没有教，还是员工本人学习不到位，接着制定相应的对策。

小嶋最担心的是店铺与顾客、店铺与总部、顾客与员工的脱离。遗忘了顾客的企业是无法生存的，对于这一点小嶋已有切身体会。为了避免出现这方面的问题，她才用一句"有什么问题吗？"来确认。

另外，通过这个问题还能了解到员工是否遇到了困难，导致无法专心工作。

有一天早上，我刚到公司就接到了小嶋的电话。

"东海，请把冈崎店员工A的个人档案带过来。"于是我马上把档案拿了过去。小嶋先浏览了一遍这名员工的简历，接着又看了他近期的自我申告书。自我申告书里面写到了该员工因妻子生病而苦恼不已，虽然妻子一直在接受治疗，但收效甚微，他希望能找到一位好医生等情况。

看到这里，小嶋立即给JUSCO健康保险工会的特约医生打了电话，详细咨询了这种疾病的有关情况，并请医生帮忙介绍专业领域的医生或医院。之后她又给交情较好的大学医院的教授打电话，请对方介绍这方面的权威专家。

另外，员工在育儿方面遇到困难，或因为需要照顾年迈的父母而希望调职时，若员工本人无法解决，小嶋都会设身处地地为他们提供帮助。

此外，小嶋还教导我，当员工被问及"有什么问题吗？"而进行思考时，至少能在此期间激发出员工的当事人意识。为此，针对干部或管理人员提出的"有什么问题吗？"其实更接近于诘问。她还会根据对方的回答判断对方的能力，这无异于一场临时面试。对方若企图说一些迎合小嶋的话蒙混过关，会立即被她发现，招来一顿训斥："笨蛋，你学得还不够。"

即便是普通员工，通过这种方式也能使其从自身角度看待公司的问题，成为他们思考如何解决问题的契机。实现以上所有目标的不过是小嶋的一句"有什么问题吗？"而已。

2 失去思考能力的职场是悲惨的

"人在什么时候会好好工作呢?答案是在心情愉悦的时候。在得到别人的认可时,人们会感到愉快。"

日本有超过 5000 万人投身职场,在企业里工作。企业通过薪资进行财富的分配,通过组织内的权限进行权力的分配,通过地位进行名誉的分配。

并且,考虑到人投入到职场里的时间,甚至可以说企业决定了员工的人生。因此,经营者和干部肩负了很重的责任。

但是,经营者和干部到底掌握了多少"职场"的实际情况呢?或者说对职场有合理的构想吗?实际上,他们或许只看到了生产活动的侧面。

零售业具有两个特点。一是需要相互协作;二是职场大多作为卖场对外开放,与工厂等封闭式的工作环境截然不同。

影响零售业销售额的三大要素分别是"人气""天气""元气"。这样说虽然有些许玩笑意味,但从某种意义上十分接近本质。客人不会光顾缺乏活力的卖场，因为那样的卖场会令人感到不快。假设员工不仅不向路过的客人打招呼，还露出了一副妨碍了自己工作的神情，认为"反正要动脑筋的不是我"，只是麻木地在规定的场所陈列商品，时间一到就准点下班离开公司，第二天再重复同样的工作……

经营者或干部想象过这样的职场吗？思考是总部的事，自己只负责执行。这样或许能提高企业的生产性，但员工将变得与机器无异。

不仅仅是零售业，这种景象最近在各行各业都出现了。穿过被称为"失去的二十年"的时空隧道，展现在眼前的赫然就是今天的职场环境。例如过大的工作量、阴险的职场霸凌、对弱者缺乏同情心、对反对意见表现出赤裸裸的敌意、攻击他人、缺乏宽容、待人冷漠等。职场中发生的种种负面事件会在社会上蔓延开来，使整个社会都笼罩上阴霾。

失去思考能力的职场是悲惨的。希望经营者和干部能再一次从"人的能力是无限的"这一视角出发，对人们生存的职场进一步展开思考。

3 追求理想的企业

"扩大规模才是企业的长久生存之道,与零售业的现代化息息相关,甚至是大多数员工的生活保障。"

从 JUSCO 辞职后,小嶋经常应邀前往各地进行演讲。在经营者、干部聚集的会场,她总是以这样一番话开场:"今天来了许多企业经营管理精英,首先请允许我声明一点,我要讲的内容与赚钱无关。对于想要赚大钱、开奔驰的人来说是没有参考价值的。"

小嶋秉持企业既是社会机构,也是公众机构的理念。因此,企业在经营上也追求公益性、社会性,甚至进一步追求人们今天所说的公益资本主义要素。企业都有各自的目的,通过开展经济活动提供商品和服务来获取收益。无论规模大小,企业既然以这种方式存在于社会中,就能直接或间接地从公共设施中受益。

经营者或资本家若将企业视为自己的私有物而任意妄为,

背离了社会规范，就会遭到社会的反击，被强制离场。

因此，负责企业运营的经营者应具备相应的眼界，自然也要追求比社会一般伦理更高的标准。随着企业规模的扩大，资本与经营管理的分离成为必然。资本因股票的公开发行等而存在多个股东。经营管理则由各个部门的专业经营者和专业管理者来运营。专业经营者和专业管理者由知识型员工构成，预计将来会由专家型管理者负责运营。这是加尔布雷思所描述的新工业国家。

在很长的一段时期内，零售从业者由于缺乏组织管理方面的知识，导致难以形成产业，小嶋对此有切身体会。由于零售从业者的零星分散，批发商的销售额远超零售业销售总额的情况持续了很长一段时间。也就是说，批发商发挥了水坝的作用，让少量的商品流向小商店，再一点点地进行销售。

在考察了美国之后，小嶋的大规模零售业梦想变得更加坚定，建立执行这一目标的组织管理体系成为当务之急，为此她选择了专业人事经营管理的道路。

过去的数家大企业之所以在一瞬间崩溃，都是因为忽视了组织管理上的缺陷。经营者健全的公司运营理念和组织管理的健全运营缺一不可。

对于企业，小嶋从两个方面加以把握，即"经营"和"人"。企业经营要明确目的，制定战略，并组建组织。组织主体由结构和功能构成。为了能够作为有机体合理、高效地开展活动，组织架构按照职务分为经营者、经营层、管理层、监督层、一般员工等多个层级。当然，对每个层级的要求也各不相同。

关键在于对各层级的要求予以明确，企业内部教育的支柱与分层教育的课程密不可分。上层的宗旨或方针、下层的报告或请示等上下层之间的沟通交流没有出现遗漏或龃龉才是最重要的，用建筑物来比喻的话，相当于连通上下的"通柱"。

另外一个方面是"人"。人又可以进一步细分为两个角色。一个角色是个体本身，另一个角色是在企业中作为组织的一员而活动的组织成员。两者都需要深刻的理解和关爱。这是人类行动具有科学性的一面。

我们每一个人都扮演着多重角色。例如，在家庭中我们既是伴侣，也是孩子的父母，同时作为地域社会的一员发挥个人的作用。在企业里我们还要尽到作为组织成员的职责。这些角色之间的相互影响不言而喻，因此当员工遇到家庭方面的问题时，只要提出申请，小嶋都会不遗余力地提供援助。当员工需要看护患病的双亲，或者为妻子或孩子的病情等而忧心时，小嶋都会同意他们的职务调动，或像上文提到的那样为他们介绍专业的医生，积极采取解决对策。

不过，她对作为组织成员的个体十分严厉。这种严厉并非过分的苛求，而是对品质标准的高要求，以及对消极怠工或平庸提案的零容忍。

总之要不断地学习。工作不仅仅是为了获得收入，也需要我们具备相应的能力。没有能力就无法出色地胜任工作，自身也无法成长。另外，作为组织的一员，"从经营的角度来看待事物"是一种常态化的要求。

例如，针对人事教育的成员，下面这番话被称为80年代人事负责人履职的"檄文"。

"JUSCO现在已经成为一个大型组织。这得益于我们在组织管理知识、技术的教育培训上领先了一步。这一点绝不能忘记。这个优势也绝对不能丢。不过，经营能力强化方面的知识、技术革新有所滞后也是事实。挽回落后局面的时机已经到来，全体员工都深切感受到了其必要性。现在，人事部门必须振奋精神，站在知识和技术革新的前列，要做到主动了解，积极研究，深刻领悟，并能够教授他人。不仅如此，还要具备极强的组织管理和营销能力，形成重视员工的企业文化底蕴，将其打造为80年代JUSCO的整体形象。这也是届时JUSCO被国际社会接受的必经之路。首先，我们要立志成为我国流通业界名副其实的顶尖企业集团。（中略）JUSCO的最终目标是，成为世界流通行业的顶级企业，为更多的人提供服务。当务之急是不断强化企业的营销能力。现实目标则是人事负责人要进行思想革新，重新审视当前的教育培训课程，至少在今年之内，希望所有人事负责人都能熟练掌握市场营销技巧，尤其是市场调查方面的知识，并达到能够教授他人的水准。"

这是 1980 年 2 月，63 岁的小嶋说过的话，距今（指 2018 年）已有 38 年。若将 JUSCO 替换成永旺，这番话在今天依然适用。对于人事工作应该如何开展，我们不应局限于狭隘的部门视角，而要挺身站在最前沿，积极发出号召。这既是小嶋对人事工作一贯的主张，也是对后继者的殷切期望。

4 企业是社会机构——基本的哲学理念

"归根结底,我们必须认识到,企业作为社会成员之一,与社会之间存在隐性契约。"

任何一家企业,只要有顾客,那么无论规模大小、行业种类如何,都是社会的一员。不管是个体户还是企业法人,均作为社会机构提供商品和服务,并获得相应的报酬。

并且,若持续性从事这一行则称之为"业",如零售业、制造业等均是如此。

在校园文化节上摆摊等一次性活动就不能称为"业",也没有特殊的限制。但如果将其定义为社会机构,那么包括企业高层管理者在内,所有员工都将受到相应的制约。

制约体现在法律、伦理道德等方面。法律方面自不必说,若做出违背伦理道德的行为而遭到顾客的抵制,也可能导致企业的经营命脉被扼杀。而且类似的情况近年来屡见不鲜。因此,企业经营中最重要的是持有健全的思想、健全的价值观,保持健全的运营状态，履行社会责任。

个人生活其实也是同样的道理，只有确保精神和肉体上的健康才能维持生命。愚昧无知且肆意挥霍的生活迟早会引火烧身，美好的人生也将被白白断送。

另外，既然是"业"，就有必要采取合适的措施确保持续性成长、发展。不能以长远的眼光看待事物，只在一定的时期内追求自己的使命、功绩或职业发展是不可行的。

高层管理者和干部担负着排除阻碍企业成长的因素，构建健全的组织文化和组织 DNA 的重要任务。由勤于工作、善于思考、精于业务的员工提供商品和服务，持续地、有组织地、有针对性地就具体案例展开必要的教育，全面激发员工的潜在能力，致力于培养敢于接受变革和挑战、富有创新精神的员工。当前的决策要由今后员工的表现来保证。对于经营者而言，企业的成长和未来的利益是最重要的责任。当然，虽然程度上有所区别，但无论是干部还是普通员工都要朝着同样的目标奋进。

企业是社会机构，希望大家务必铭记于心。

5 积累无形资产

"经营者若想使企业与自己所描绘的组织蓝图相适应,最重要的其实是必须尽快积累无形资产。"

小嶋与冈田在构建社会信任方面都非常敏锐,考虑得十分长远。他们将思考的重点放在长期投资、社会回报、社会责任、持续性等关键词上,并不局限于费用或技巧。

1969 年第一次合并尚未完成时,作为地方上的小规模零售企业,冈田屋便与三菱商事联合设立了合资公司,并从蝶理、三菱丽阳等企业引进优秀干部,尝试扩大规模,在确保企业稳固发展的同时,也获得了一定的社会信任。这些都是企业的无形资产。

另外,冈田屋还设置了零售行业的首个"商品检测室""经营监察室"等,拥有企业自身的"自净功能机构、装置"等也是与顾客构建信任关系的良好例子。

不仅如此,后来的公益财团法人永旺环境财团、永旺 1% 俱乐部、公益财团法人冈田文化财团等均是如此，这些举措可以说是创业者独有的创新。

这些都属于企业的"无形资产"，是 B/S 中不会记载的信用资产。它们既无法在一朝一夕之间构建形成，也不是花钱就能买到的。我们必须具备更加长远的目光，注重日常的积累。

6 建立社会信用

"不管做什么，若对企业或其员工缺乏一定的信任，终将一无所成。"

无论是个人还是企业，没有"信任"就无法成就大事。信任从狭义上可以理解为守信。小嶋和卓也出生于商人家庭，深知信守承诺的重要性。

"二战之前人们就亲切地用'San①'来称呼冈田屋，这块来之不易的'招牌'在千鹤子的守护下得以保存。在四日市遭遇空袭时，她从好不容易抢运出来的行李中找出纸张，写上'持有冈田屋商品券的顾客可以兑换成现金'，并四处奔走，张贴在全市的各个场所。既然没有可售的商品，便以现金的形式返还给顾客。顾客定制的寄存品等则从幸免于战火的京都购买，全

---

① 日语中，一般加在姓的后面表示对对方的敬意。

部以实物来偿还。"

(摘自《零售业的繁荣是和平的象征 我的履历书》 冈田卓也著 日本经济新闻社出版)

上一章也已提及小嶋极为重视信用。耳濡目染之下,冈田卓也同样领会到了信用的重要性。

在冈田屋时期,不少父母和高中教师都给予了冈田屋很高的评价,相信孩子在这里能得到很好的教育和培养,还有许多人表示希望能娶冈田屋的女职员为妻。严格的员工教育、规则的有效执行等人事政策为冈田屋赢得了社会的信任。

合并为JUSCO之后,企业依然保持着极高的社会评价,如JUSCO的员工学习勤勉,拥有稳固的人事基础等。

零售业的竞争体现在日常积累的信用上。信用因正当的买卖行为、正确的员工行为而成立。企业与客户的关系、与业务伙伴的关系等方面的信用自不必说,甚至员工之间人际关系的构建也离不开信任的基石。

7 管理的杠杆效应

"管理缺位或运行不畅是低生产率企业、职场的通病。"

要想达到目标,通过组织活动持续性地获得良好的成果,管理是必不可少的。管理是思想、知识、技术以及实践的荟萃,是关系到企业整体的统筹、维系企业生命的重要活动。

小嶋很早就注意到了管理的重要性。从小商店经营、家族式管理向企业经营转变的过程中出现了许多问题,例如尽管商品畅销,获得的利润却很少;招聘的员工总是很快辞职;经营状况十分不稳定等。小嶋很快便认识到这些其实全都是管理方面的问题。

除此之外,事故多发,员工行为不当、道德沦丧、不满情绪的蔓延、疾病、消极主义,员工像待命木偶、爱找借口、转嫁责任,领导放弃/放任裁决、盲目效仿、拒绝观察/拒绝表达/拒绝倾听、漠不关心、缺乏责任感,员工拉帮结派、争论不休、挑战欲丧失……

若将这些现象视为琐事杂务而忽视或置之不理,便会像生活习惯病一样逐渐加快进程,导致企业出现长期业绩不佳、生产率低下等问题,最终还将发展为综合性疾病,危及企业生命,使企业被社会所淘汰。

某家企业曾在一年间招录了 6000 名员工,但这 6000 人在短时间之内全部辞职。该企业将原因归结为招聘方式存在问题,然而事实并非如此。这其实反映了企业整体存在管理不到位或不成熟的问题。

JUSCO 成立时,某个地区的离职率非常高。为了查明原因,公司组织召开了学习会,并研究了美国某家连锁店的相关资料。

这家连锁店在员工离职时采取面谈的方式,了解离职的真正原因,从中发掘出一直以来被公司忽视的诸多问题。通过及时的整顿,员工的离职率得以大幅度降低。因此,公司专门建立了离职面谈制度,由直接上司的领导与员工进行面谈,确保离职员工能够无顾虑地说出真正的离职原因。

JUSCO 模仿了这种方式,在离职申请书(报告书)的基础上新增了离职面谈环节,离职率的问题由此得到了极大改善。

可见,对于企业而言,集知识、技术和实践于一体的管理至关重要。

8 警惕兴趣与私事成为软肋

"作为高层领导邀请下属去打高尔夫是渎职行为。兴趣爱好要么注意保密，要么从公司离职后再从事。"

我们身处的世界有各种各样的人，无论志趣相投，或是格格不入，大家自然而然地出现，某种程度上也是不可避免的。不过，一旦过犹不及，正式的组织将被非正式的组织取代。

既然企业属于社会机构，那么企业员工的所有行为都必须基于"公"的理念。遵守公私分明的规则，尽量不要把私事带入工作。这才是专业团队的素养，与因私事而聚集的团体截然不同。

企业高层和干部尤其需要注意，不要把"兴趣"或"私事"带入公司内部。

电视剧中经常出现总裁办公室内放着高尔夫球杆的场景，房间里还装饰着与名人的合照。这简直是主动将自己对高尔夫的兴趣公之于众。

究其原因，是因为一旦暴露了自己的兴趣爱好，无论在公司内外，都可能被他人钻空子。

"射人先射马"，对方会对准我们的弱点发动攻击。

公司内部可能因此形成"兴趣团伙"。在享受兴趣爱好的过程中或许会泄露秘密信息，团伙的成员为获取利益便会狐假虎威，大肆借权牟利。这些成员通过揣度高层的心思，在私事上愈发肆无忌惮。长此以往，高层领导将逐渐麻痹，辨别不出公私之间的区别，最终导致劣币驱逐良币，员工道德水准不断下滑，还会出现无休止的恶性循环……

这些事情看起来离我们很远，其实在任何一家企业都有可能发生。兴趣与私事会变成软肋，这一点大家务必要警惕。

9 | 具备宽容之心方能培养人才

"命中率达到30%就算很好了。70%的失败都是正常的。我们不能让员工掩藏自己的失败,或因一次失败而灰心丧气。"

人生难免会有失败。企业经营也一样,不存在永远屹立不倒的实业。不过失败的内容是问题的关键,有必要进行深入分析。

失败的直接原因、间接原因分别是什么,是外部原因还是内部原因所导致,抑或是本人能力不足、粗心大意,还是遭遇了事故或事件等,我们需要严格加以甄别。

需要注意的是,我们不能仅满足于搜寻失败背后的元凶。一般情况下,企业大多会止步于找出失败的原因,但实际上这会极大地削弱组织的精神力量。

还有一点也很重要,即正确认识业绩不佳与失败之间的关系。具体可以分为两种情况,一种是因某部门负责人个人的连续失败导致企业陷入业绩不佳的困境,另一种是新任的部门负责人在很长一段时期内始终无法扭转部门业绩不佳的局面。

前者的失败显而易见，对于后者却不可妄下结论。而且，即使在前一种情况下，若失败的主要原因在于外部因素的影响，并非部门负责人本身的能力或措施所造成，那么我们也很难轻易得出结论。

再者，无论哪种情况下，对于负责人应承担的责任，都必须谨慎地加以判断。因为他们受到的待遇，员工都将看在眼里。

如果处理结果过于温和，可能会导致组织涣散，员工对于业绩的付出或贡献度减弱，标准也会随之降低。另一方面，若采取的处理方式过于严苛，员工可能会产生"上层看不到底层的辛苦，一旦没有利用价值了就会被放弃……"等负面想法，致使整个职场陷入消沉哀叹的情绪当中。大家对于提拔、晋升的员工虽会有所关注，但看到失意（降职或降级）之人，也难免会对自己的将来进行预测。

为避免出现误解，特此声明，以上内容并非要求大家刻意配合丧失了工作优势和热情、无法提高生产率的领导来协调团队，而是重在强调不要因为一次失败便盖棺定论，通过再教育等方式给予员工东山再起的机会，从长远来看也更加符合组织整体的利益。

1981年，JUSCO曾与马自达、福特开展业务合作，建立了全新的汽车销售渠道"Autorama Life"。在企业内部公开招募各地区分销公司的总裁时,干部、职工们争先恐后地报名,人数之多甚至影响到了正常业务的运转。1988年虽由赤字转为盈余,然而继第一代"Festiva"之后一直未能推出热门车型,最终被迫撤出。在各地区分销公司担任总裁的都是年轻有为的干部,撤出之后有五人继续活跃在其他总裁岗位上,另起炉灶。其中一人担任了JUSCO冲绳店分店长,之后成为JUSCO冲绳店的总裁,退休之后便沉浸在自己喜爱的陶艺世界中。另外,员工S在撤出之后从企业离职,开始独立经营汽车销售公司。直到现在,S依然与小嶋、冈田以及原来的同事们保持着联系。

开创新的事业时,失败往往多于成功。小嶋和冈田都曾有类似的经历,对此深有感触,因而即使未能成功,他们也会根据员工本人的意愿为他们提供再次挑战的机会。

小嶋认为,无论是企业还是个人都有失败的可能,关键在于失败之后是否还有卷土重来的"复原力"。因担心失败而畏首畏尾,失去了创新或挑战的勇气,这样的企业风气才是最可怕的。

另外,冈田虽然没有公开声明,但允许干部在实践过程中出现三次失败,这实在是知人善任的有效途径。事实上,多次得到挑战机会并取得出色成果的员工不在少数。

10 | 严肃处理不正当行为

"关于对不正当行为的处理,我们往往本着尊重他人的精神得出结论,但这种做法似乎并不妥当。(中略)人事负责人在某种意义上必须扮演清洁工的角色。"

关于不正当行为的处理方式,过于"宽松"的处置显然是致命的。对不正当行为,如果视而不见或处置过于疲软,企业将有如遭到白蚁的啃噬,在不知不觉间丧失组织结构和功能。有数据显示,对于自己所犯的不正当行为,员工通常只吐露三成左右的真实内容。若不进行严肃处理,事态很有可能愈演愈烈,最终演变为社会问题,导致企业的信誉一落千丈。

不正当行为大多存在细微的征兆。无论对于个人还是企业,尽早发现并采取相应对策都极为重要。针对可能发生的不正当行为,我们有必要采取预防措施,在组织内部或业务处理过程中导入相关的牵制制度。这也是企业应当履行的责任。

上文也已提到,在 JUSCO 创建初期,接二连三地发生了多起不正当行为。由于工作现场存在大量的商品和现金，这类事件的多发仿佛是零售业的宿命。检举揭发体制的完善、不正当行为判断标准的严格化也是事件增加的原因。

事件发生时，最困难的是无法甄别、区分究竟是纯属意外还是图谋不轨，是无意还是故意。

详细情况在此不做赘述。有一件事曾令小嶋犯难不已。公司当时被卷入了一起虚假租赁合同事件。委托电子计算处理的公司和租赁公司之间签订的虚假租赁合同交付对象正是本公司。

事情因电子计算处理公司的倒闭而败露，但问题是涉及本公司一位负责电子计算处理的董事候选级别的人物。不知他究竟是被无辜牵连，还是主动参与其中。这名负责人不仅精通业务还十分能干，如果没有发生这件事，应该很快就能当选为公司的董事。

到底是有意为之还是无心之失？

由于对方公司已经破产，调查取证极其困难。虽然不愿意相信，但从他当时所处的立场来判断，实在是难脱干系。

事情最终以这名负责人的主动离职收尾。对于小嶋而言这种处理方式用得并不多，但确实是最妥当的处置。

小嶋还曾讲过这样一则往事。

"过去，店里的生意非常好，卖出去的钱数额较大，清点起来很麻烦，当时便都用麻袋装着钱带去银行存起来。某次下班回家时，正巧遇到一个走路姿势很奇怪的员工，于是我开口问道：'你的脚怎么了？怎么又穿这么大的鞋子？'结果这名员工便慌慌张张地跑了出去，把鞋子都落下了。我检查了一番，发现鞋底竟然厚厚地粘满了现金。看来他是通过这种方式每天偷偷把现金运了出去。我当即决定开除这名员工，虽然他的父母哭着央求我收回解雇的决定，周围的人也都劝我再给他一次机会，但我一概拒绝接受。没过多久，他的父母再次找到我说'当时开除他的决定是正确的。就算原谅他的过错让他继续工作恐怕也难以成才。有了这次教训他反而痛改前非了'，还向我表示了感谢。"

这类事件处置起来虽然很难，但根据自己的经验，小嶋深知严惩不正当行为对企业来说至关重要。

11 竞争优势战略

"若只依靠其他企业千篇一律的方案,企业总有一天会衰败。只有经过深思熟虑的独立方案才是企业成长的关键。"

观察小嶋和冈田的各种举措,可以归纳出以下三点:①比起模仿他人,更尊崇先进性;②比起经济效益,更注重优越性;③比起建立共识,优先考虑是否具有冲击性。

先进性、优越性均是变革的先兆。拾人牙慧的行为不可取。采取三家合并的措施,开启零售行业大规模合并的先河,同样是源于先进性。

另外,在人事制度方面,企业开办了零售行业首家JUSCO大学。

并且早早地向海外市场进发,在新西兰的塔斯马尼亚岛开始经营牧场。塔斯马尼亚岛的美味牛排和烤牛肉在店里大受欢迎,企业此举结出了丰厚的果实。拒绝模仿他人,始终以独创性为重。对于一般性事物,则进行加工改造,赋予其个性化特征。

第二点是注重优越性,不仅仅单纯地从经济性(例如成本)出发,而将是否具备明显的"优越性"纳入考量。

第三点与先进性是相通的,将无论是对企业外部还是企业内部,都要有某种冲击性作为行动的源泉。这种决策当然伴随着风险,需要一定的决心和勇气,但具有冲击性的事物,其规模、重要性、新奇性、意外性均能在企业内外引发强烈的反响。1969年与三菱商事成立合资公司,开发大型购物中心等举措,在当时产生了巨大的影响。

在与其他企业的竞争中,JUSCO抢先一步,将开店策略向购物中心转变。这意味着不再单独开店,而是与其他专卖店联合构建了购物中心,并将地点定在郊外。JUSCO选择在远离人烟、狸猫和狐狸频繁出没的地方开店,一时引发了热议,给人们留下了深刻的印象。

思考竞争优势的来源,斟酌资源集中的目标,这些其实都是竞争优势战略的真实写照。

12 长期视野

"问题的关键不在于今天的食粮,而在于明天的食粮。"

在此,以设备产业的某家企业为例。

这家企业的高层决定对建筑物进行全面投资。普通企业往往认为建筑物只要维持 20 年就足够了。但是,廉价的建筑与设备会加速老化,修缮的费用也很高。

原本应该维持 20 年的建筑,实际上不到 15 年就无法使用了。一旦失去了使用价值就只能废弃。

这家企业根据自身经验,认识到只要确保制造质量,做好日常维护,生产设备至少在 40 年之内都能顺利发挥作用。因此,虽然初期投入较大,摊销费用过高,遭到了会计师等部分人员的强烈反对,但高层领导对此置若罔闻。

并且,会计上的摊销是法定摊销,区别于申报的财务报表,其实还将根据实际情况对财务报表进行重制……换言之,真正的实力评估将在管理会计中独立进行。

在此我想强调的是，企业要具备长远眼光，不能只看形式，而要以更严格的经营态度对企业的实际状态独立进行评价。

小嶋在人力资源开发方面同样也是站在长远角度考虑。经营组织其实是超越死亡这一人类界限的手段。为此，无法让自身长久生存的组织是失败的。也就是说，承担明天管理重担的人才必须在今天准备就绪，否则组织将没有未来。

某家企业因为拥有某项特殊的技术而取得了极好的销售业绩。成功创业的前任社长开发了新技术，发掘大企业的经营干部为全国扩张做准备，发展大规模企业客户，并不断拓展业务范围，在干部培养和员工培训上不遗余力。

然而，社长骤然离世。继任的社长将苦心挖掘的干部全部驱逐，取消了所有的教育培训活动。后果虽然尚未显现，但这家企业恐怕没有几年气数了。

这让我想起一段话。

"技能或智慧完全不同于能够简单到手的日用品。这是企业必须涵养的素质。与只想利用现有能力的企业相比，在员工的培养上费心尽力的企业，明显具有更大的优势。"这是约翰·P.科特所著的《幸之助论》中的一节。

只有立足于长期视野，"投资""人才培养""创新""市场营销"才具有实践性。不采取任何措施、只求维持现有水准的企业，将难以适应明天的变化而无法生存。

13 | 不可将创新者扼杀于萌芽中

"要维持企业的发展力,最不可或缺的是能够创新组织体系的人才。"

组织或制度的恶化十分常见。可能发生与现实不符的情况,法律或制度的原始功能本就趋向于保守性、管理性。

不过,若一味地强调遵守制度,导致企业因此而倒闭,无疑得不偿失。随着企业规模的扩大,官僚化、程序化也在所难免。尽管无可奈何,但更重要的是,不能因此陷入官僚化体系中,忘却目标,舍本求末,患上"大企业病"。

为此,企业必须认识到,只有经常检查、维护,对组织进行改革和整顿,制度才能发挥作用。并且,必要时应从制度本身入手加以完善,需要敢于实行大规模改革、大刀阔斧地进行新组织体系创建的人才。

从以往的经验来看,人事方面的专业经营者缺位时,组织通常在5年之内出现人员退化、人才枯竭等问题,10年左右将束手无策。

尽管如此,长期只依靠自上而下的管理同样不可取。自上而下的管理在短期内虽然行之有效,但从长远来看,显然是行不通的。在这种企业土壤下,只会产生众多的实施者和追随者,头脑与四肢处于分离状态。如此一来,自上而下的管理模式将加速发展,组织只会麻木地按照指令行事。

结果导致创新者无法诞生。

从这个意义上讲,阻碍创新的主要因素是自上而下的管理。最保守的人或许是位于自上而下管理模式顶端的高层领导。

一味地维持现有功能的官僚化组织无法产生创新者,同样,也不可能进行任何创新。对于企业生产力而言,创新者才是最重要的。

14 起草方案的权利

"你有起草方案的权利。想要怎么做,希望如何改善?起草个方案吧。"

起草方案的权利听起来或许有些陌生。

与其他产业相比,零售业很难享受到技术革新带来的恩惠。利用新技术实现瞬间逆转的可能性微乎其微。另外,零售业属于极具人情味的产业,通过人们思想上的革新,对日常提供的商品和服务加以改善,博得顾客的欢心。正因为如此,企业经营者或管理者才需要充分发挥这种特质。思想上的革新可谓必不可少。

思想的革新是指脱离旁观者或简单工作人员的视角,从顾客的立场出发,或立足于企业的经济活动,将卖场作为与顾客的连接点,有意识地观察广泛的社会变化,并据此提出更多的方案或建议,朝着当事人的思想心态转变。

除了正式的会签文件或决算请示之外,小嶋还尝试运用提案制度、QC 社团、改善活动、论文竞赛等方式来实现这一目标,努力将员工转变为变革的当事人。

并且,在起草方案时,小嶋不喜欢口头的方案或提议,更倾向于落到纸面的文章。

文书具有两个方面的效用,其一显而易见,是不必立即作出答复,且随时可以拿出来反复斟酌。

另一个作用在于,方案的起草者能对所写的内容进行深思熟虑,梳理目的、背景、优点、风险等因素,考虑方案的可操作性。在起草的过程中,员工作为当事人已经开始产生思想上的变革。

"你有起草方案的权利。若不行使这项权利,其实是一种放弃履职的行为。一味地等待上级指令的人就算再多也起不了多大作用。尝试自己起草方案吧。"小嶋积极地发出号召,希望激发员工思想上的革新。这或许就是将旁观者转变为当事人的秘诀吧。

15 承担成长责任

"想要建立强大的组织，那么即使伴随着些许痛苦，也必须从根本上进行变革。"

企业经营当然需要结果。特别是需要通过财务报表的各项指标来接受评估。但这其实有一处陷阱。

原因在于，财务报表各项指标的评估结果只能反映一定时期内的评价，不过是对企业活动状态的临时性评估而已。因此，为了提高阶段性评价，刻意增加销售额，甚至控制未来的投资、利益等情况时有发生。将本应计入开支经费的部分置换成资产账目，推迟（跳过）支出，隐瞒损失等欺诈性会计报表也十分常见。

与财务报表的评价下降相比，抑制或削减未来投资（设备投入、人才培养等投资）等措施对企业的侵蚀更加严重。

JUSCO 时期，某个地区曾属于 JUSCO 的优势区域，负责该区域的专务董事削减了开店投资等所有投资支出，力度之大仿佛要从干毛巾里挤出水来。

短时期之内确实利润有所上涨,但在几年后,该地区利润暴跌,远远落后于竞争对手。继任者历尽艰辛,花了数年时间才得以恢复。

同样的事情也发生在地区企业法人身上。为了履行短期的数字责任,开店投资被延迟。尽管该地区在过去一直处于领先地位,但不久便被新兴势力所超越,结果耗费了数十年才重新振作。换句话说,企业高层和干部应承担起立足于长远经营眼光的成长责任。

企业经营归根结底是一项"资本的增殖活动"。能否达成预算或将预算控制在较低水平其实并没有意义。根本在于通过收支和资产的周转来实现增长。

尤其是对于因调令而调整职务的经营者或干部而言,在短期的数字责任与长期的成长责任之间或许难以抉择,但务必要牢记自己应承担的义务。

16 无须事先调整的理论

"经过事先沟通或调整的方案是不行的。没有更加见棱见角的方案吗？"

企业战略本就应该具备倾向性和犀利的棱角，过于强调和谐可能会导致战略变得疲软平庸，这一点需要格外留心。

尤其是企业的决策会议等，随着企业规模的扩大，采取事先调整的方式折中解决的情况十分常见。会议本身陷入形式化、刻板化，甚至连责任的划分也变得模糊不清。

小嶋对事先调整的做法颇为反感。举例来说，向常务会提交人事变动方案时，一般会事先安排好相应的部门，而小嶋根本不会这么做。这样一来，方案的内容便基本保持原样，偶尔还会在常务会上引发激烈的讨论。即便如此，她依然面不改色，淡然说道："很好，这本就是会议的目的所在。"

同样，小嶋也反对在会签文件上附大量的协商对象、意见、印章等。每经过一次调整，最初的方案都会变得更加平庸，策略将不再具有针对性。小嶋非常排斥这类过度重视协调，缺乏棱角和冲击力的方案。

不了解内情的人或许会将小嶋视为独裁者。然而，赢得所有人认同的方案其实根本不存在。只要在经过了一番激烈的探讨之后，作出决定并对结果负责即可。完全没有必要自作聪明地进行事先调整。

有这样一则看似荒诞的故事。干部 A 拿着会签文件找公司的二把手征求意见并盖章。A 虽然仔细说明了缘由，但对方迟迟没有表态，不肯轻易盖章。最后，这位二把手向 A 问道："话说这件事董事长批准了没有？" A 回答："已经得到了董事长的许可。"这位二把手听了立即盖好了章，还嘟囔道："你怎么不早说！真是浪费时间。"

17 创造优质 DNA

"营造良好的组织风气是企业高层的最大责任。"

正如人有人格,企业也有各自的"品格、品性"。也可以说是企业风格、企业文化、企业色彩等。

企业文化的基础、核心其实在于创业者的价值观,包括人生观、经营理念、人才观等。另外还有经营者的成长背景,从失败、成功等经历中汲取的经验教训等方面的影响。换句话说,企业文化其实是历史的积累。历史包含了许多启发性的要素。从这个意义上讲,企业的历史是一座宝库,可以用以揭示获得成功的关键因素。

并且,无论直接影响还是间接影响,企业所处国家的地区、行业、业种、规模、适用法律、国家政策、竞争状态等均与企业风气的形成密切相关。

经过多个方面的共同作用,各个企业、组织诞生了包含不同性质或特性的企业风气、企业文化。这就意味着社会排他性的形成。大的方面体现在行业排他性、压力集团排他性等，小的方面体现在企业排他性，企业内部又存在工作种类的排他、分支机构的排他、派系的排他等现象，并产生了各自的准则。

作为看不见的"氛围""不成文的规定"，企业风气或企业文化无论好坏，都会对组织的全体成员产生影响。虽然在程度上有所差异，但它既有可能促进企业的发展，也可能成为发展的阻碍因素。

受它的影响，无法适应企业的人和持有不同价值观的人将被排斥在外，革新或许会被扼杀在萌芽中，企业陷入同质化，缺乏创新，组织运行不畅，在最坏的情况下甚至沦为作恶的温床。

正因为企业风气或企业文化，属于难以捉摸的氛围或不成文的规定，所以不易被人们察觉，有时还会被有心人刻意利用。

对于企业而言，最可怕的事情在于，具有排他性的企业伦理与大众社会背道而驰。一些在公众眼中不合常理的事情在企业内部却司空见惯。例如在人们看不到的地方满不在乎地进行偷工减料、降低品质、随意篡改等行为，即完全无视"顾客"的存在。

顾客是企业赖以生存的基石，而上述企业奉行的却是企业在先、顾客在后的相反逻辑。

此外，还会导致员工发生背离。对企业彻底失望的员工在沉默中逐渐远离。对于一家即将灭亡的企业，优秀人才的离开无疑顺理成章，重点在于被人所忽视。企业高层很难注意到这些先兆，或者即使注意到了也拒绝面对。原因在于这些领导局限在一个狭小的排他集团之中。

企业高层平时接触到的只可能是二手信息。因此，想要获得一手信息，最好的机会便是在巡查店铺时开口询问，比如小嶋的"有什么问题吗"、冈田的"情况怎么样"等。

高层干部需要的是"真挚"和"倾听的能力"。保持热心倾听的态度很重要，员工能从高层的关心和倾听中获得满足，提高工作积极性。

最后，我想引用小嶋《足迹》中的一节作为本章的结尾。

"企业风气若立足于未来，那么这种风气便可催生出更大的发展力，使整个企业进入良性循环。只要心怀期许和希望，即使有些许不满，也不会出现大问题。然而，一旦这种良性循环被破坏，随着时间的流逝，业绩将逐渐恶化，企业将走上老化的道路。企业内部必然充斥着怨言和不满。因此，人事政策的基本是创造良好的企业风气，长久维持并不断渗透。'毫无疑问，我们公司为社会做出了贡献。我们的工作值得自豪。'抱有这种想法的员工越多，企业的优势就越大。员工们共同的精神寄托有利于企业发挥出综合实力。"

第 4 章

组织要依靠人来建设
——小嶋千鹤子的人事哲学

1 小嶋的经营、人事特性

"要充分激发组织的活力,必须对三个要素进行共享,即共享相同的信息、相同的目的以及相同的结果。"

小嶋的人事管理特征之一是"公开"。无论是好是坏,都不会偷偷摸摸地进行。做坏事通常要避人耳目,但若长此以往,将埋下不信任的种子,以致疑心生暗鬼。因此,无论好事坏事,都要尽量公开,让全员知晓。例如,在政策发布会上公开宣布本届的人事政策,确保干部们彻底掌握。

小嶋在任何事情上都注重方针与实施方式的一致性,不会产生矛盾或龃龉,政策因此得以贯彻到底,并且,对于实施的事项一定会加以验证。她从不止步于空谈,而是有执行,有验证。遇到不明白或不理解的事项时,她会通过学习来获取知识并付诸实践,仿佛一位临床医生般一丝不苟。

人事工作始于录用也终于录用,录用的重要性毋庸置疑。小嶋对于人才的录用会经过彻底的检验。例如,在新员工的招聘面试上，做出此人能成为业务部长或能挑起商品部的大梁等判断，并详细注明理由。继而在数年后，每有机会她便查看员工们的"个人档案"，再与他们的现状进行对比。这个检验过程逐渐演变为小嶋的直觉。

有一次，警察给公司打电话，说员工 A 被逮捕了，想要确认其是否为本公司的员工。小嶋怒道："东海，去把 A 的档案拿过来，到底是谁把这种人招进来了？"看了档案之后，小嶋平静下来，问："当时的面试官是谁？"得知正是自己后，她不好意思地笑着说："招人当真是不容易啊。"

这虽然是一则笑谈，却也说明人才录用仿佛一场赌局。小嶋对此依然毫不懈怠，从不疏于实证。

她的做法甚至让流通行业的引领者渥美俊一先生发出感慨："对于成长中的企业而言，一致性（连贯性、严谨）必不可少，即做出的决定必须坚决执行到底。这一点在企业内部贯彻力度之大令人侧目。"

明确方针，贯彻执行，这些对于企业经营者而言无可替代的资质正是小嶋的经营、人事特性所在。

2 人事的基本是确保生产力

"在制定人事政策时,第一要务是确保企业的发展力。当企业具备发展能力时,人们才会期待在此发挥出自己的实力。"

人们主动投身于工作时,能获得真正令人满意的成效。小嶋说,与被迫做事不同,按照自己的意愿去做事能使人们内心萌生感激,这份感激可成为企业的资产。

换言之,发挥自身作用的收获感与成就感可形成良性循环。

在被迫干活的屈辱感与无力感之下,生产率真的能提高吗?真的能为顾客提供令人满意的服务吗?答案如此显而易见,为何还会出现像今天这样的"黑心企业"呢?

经营的三要素是人、物、钱,但三者之间不是并列关系。物、钱的数量是固定的,有多少便是多少。人却可以将物、钱等资源转变为有效资产。

利润只能通过资产的周转而产生。资产的周转则由销售额决定。这是大原则。

不言而喻，若忽视了这个最重要的角色，那么无论是经营还是企业均无法成立。

这便是人事部门、企业高层及干部应致力于建设面向未来的企业文化，让员工心怀期许和希望的原因所在。

3 排除保守型员工

"在推行人事政策时,首先必须注意的是,要将保守型员工从企业的中枢部门排除。'保守'与'经验'往往容易混为一谈,但二者其实似是而非,在本质上完全是不同的。"

人事政策的要诀是培养善于应对变化的人才。对于企业而言,认为变化是积极可取的,优先接受变化、预期变化的产生,并反映在策略上的人才必不可少。

人们总习惯于追求稳定、安宁,以为当下的才是最好的。然而,人类社会中唯一可以确定的就是"变化"。

无法适应变化的企业终会灭亡,这是自然规律,地球生物的历史也见证了这一点。盐野七生认为,人类的历史是一部克服衰落和危机的历史。害怕创新、畏惧失败、裹足不前的企业定会被时代抛下,继而走向衰败。

为此,企业的当务之急是培养能够适应变化的人才。

另外,对于保守型员工的存在,我们需要格外留心。

保守型员工究竟是什么样的人？这一点其实很难分辨。乍一看，他们仿佛对企业十分忠诚，行为举止并无不妥，但会巧妙地阻挠创新或新方案的实施，通过事前疏通等方式阻止变化的产生。例如向企业高层提出下列建议："为时尚早""信息不足""要先做试验""缺乏先例""要先征求大家的意见""没有预算""没什么利润"……冠冕堂皇地摆出许多做不到的理由。

这种行为可分为有意或无意两种情况。若刻意而为，大多是为了保全自身。但在无意识的情况下，说明是员工固有的特性，处理起来反而更加棘手。

小嶋甚至断言："保守的人绝不可能从经验中创新。"

远离保守型员工才是最好的办法。

4 欲上则下,欲下则上

"求才若渴时不可录用。"

简而言之,小嶋的性情颇有些"乖僻",从不肯坦率地道一声:"的确如此。"她常用"是吗?我认为这种方案也可以考虑啊"来回应,刻意唱反调的情况居多。

泡沫经济时期,JUSCO 从未随波逐流。当绝大多数企业放弃了自身的核心业务,争先恐后地涌向股票或土地投资时,JUSCO 仿佛不问世事般坚守正业。这除了得益于掌舵人冈田卓也对冈田家遗训"欲上则下,欲下则上"的践行之外,也要归功于小嶋提出的反命题。

人事方面曾有一次失败的教训。

"求才若渴时不可录用"具体是指人才的录用。JUSCO 设立之初,除了董事层级之外,执行董事(顾问)有 8 人,高层部长(参事)有 20 人左右,接下来的管理层(副参事)虽然人数众多,但 35~40 岁的年轻参事候补只占了极少的一部分。

于是，小嶋决定在全国范围内招录中层干部。应聘者络绎不绝，最终录用了大约 20 人。她基本上拒绝了所有的同行，只在其他行业的管理人员中精挑细选。被录用的这些人无一不是头衔光鲜的佼佼者。

然而，被录用三年之后，这些人几乎都派不上用场。从这件事中得出的教训便是上文提到的"求才若渴时不可录用"。优秀的人才必须有计划地录用、培养，提前做好准备。在急于用人时匆匆招录，标准难免会降低，被应聘者的头衔迷惑，看不清对方真正的实力。

与此相对，从 JUSCO 发展为永旺之后，企业有一段时期停止了新员工的定期招录。对此，小嶋斥责道："被经济形势或业绩左右而放弃招录新员工的做法简直愚蠢透顶。"因为她深知，人才源头的断绝会导致企业发展产生偏差，且这种偏差的影响将长久持续。

人生亦是如此。事物由作用与反作用构成，欲上则下，欲下则上，向右大幅度摆动时，终会向左回荡。阴转阳，阳转阴，没有定数。人的优点、缺点也一样。

总而言之，不要因一时的不幸而一蹶不振，也无须因暂时的幸运而得意忘形。福祸往往相互依附，如同绳索绞合在一起。

5 赋能授权的本质

"人事政策的基本不仅是鉴别员工的综合素质,更要以促进素质的进一步提升为目标来推行。"

人是复杂多面的,既有性格上的不同,也有能力上的区别。价值观的差异不足为奇,今明两天之间也可能产生变化,还要看组合起来的适应性。

职场从某种意义上说就像一座舞台。在角色演技的竞技场上,人事要选择最适合角色的演员,并配合演员来塑造角色。与《水户黄门》①的演员相比,糊涂八兵卫一角的演员并非逊于人品,而是考虑到角色的匹配性,在大家扮演好各自角色的基础上,组建一支专业的团队。

职场也是如此。一知半解是行不通的,需要企业通过培训等方式在角色塑造上提供支持。此外还需要演员实现自我启发。

---

① 水户黄门:日本著名电视剧,以日本历史上的真实人物为范本,讲述水户黄门漫游各地、扬善除恶的故事。"糊涂八兵卫"是其中的一个角色。

企业合并之初，总部有一个名叫 K 的年轻人。在各部门都没有复印机的时代，K 的工作主要是根据各部门的委托复印资料，数量较多时还要负责简单的印刷。

有一次，K 来人事总部送复印件时，小嶋对他说："小 K，你从什么时候开始做这份工作的？你已经是这方面的行家了，有没有特别的技巧，能告诉我吗？"

K 从来没有跟高层领导搭过话，更不用说被夸成"行家"了，顿时激动得满脸通红，向小嶋诉说了一番工作上的艰辛之后便回去了。

从那以后，K 便像老友一样经常造访人事总部，汇报自己在工作上的创新或取得的成绩。过去看不起 K 的其他部门的员工也逐渐对他肃然起敬。

企业高层的只言片语就有可能造就专业人才，能让人才有所启发。

6 教育才是最大的福祉

"我本人也只是个地方出身的小零售商,经过刻苦地学习,付出了巨大的努力,才在人事管理上找到了些许自信,从而能够胜任这份工作。我选择了从镇上的小零售商成长为拥有专业技能的专业经营者的道路。"

小嶋很早便开始谋划录用大学毕业生,为提高女性的社会地位而导入"主妇雇员"制度,在企业内部实施彻底全面的教育培训。

"过去从事零售行业的人工资很低,工作条件很差,社会地位长期在较低的水平徘徊。另外,日本商业的落后也是因为零售业没能摆脱知识不足的弱点。"

正如小嶋在《足迹》中所说,把对教育的重视作为零售业现代化策略。

小嶋本人也希望高中毕业后能进东京的学校学习，尽管有过打算，但因前文提到的不幸而被迫放弃。

据我猜测，小嶋对于教育所抱有的念想和执念般的热情，恐怕源自内心深处对无法完成学业的遗憾。

"有目标吗？""要好好学习"是小嶋的口头禅。每每有机会她便询问他人，"最近在读什么书呢？""将来想干什么？""为达成目标打算学些什么呢？"等，并给出具体的建议。

小嶋既是一位经营者，也是一名伟大的教育家。她培养了众多年轻人，向许多人传授人生的"道理"，教导他们认识到学习的重要性并为之实践。

继本节开头的引文之后，小嶋还说了这样一番话。

"说起来，知识资产的获得才是取得收入的前提。我所取得的收入并非源自同族关系，而是付出巨大努力之后获得的技术回报。（中略）要想充分发挥潜能，就必须正确有效地利用时间和资本，其中尤为重要的是教育投资。在教育上投入的时间和成本决定了未来的发展。教育是最好的投资。要始终谨记，获得成功的人必然是坚持学习的人。"

7 在三个领域的贡献度

"对人的评价不能只看结果,应该结合多方面的影响因素或过程给出综合性评价。"

人事方面的评价很难把握。成果主义和结果主义极容易混淆。

若对二者进行梳理,不难发现结果主义的典型代表是完全按工作业绩提成的职业。无视过程或方式方法,只以结果衡量一切,最接近的职业或许是"个体经营者"吧。他们承担了所有的成本和风险。任何活动都与自身的能力、行为息息相关。自主经营者亦然。

与此相对,成果主义是对包含结果在内的整体过程进行评价。

这里所说的人事评价并不针对个体经营者或自主经营者,而是对"工作人员"的评价。

将成果主义和结果主义混为一谈,导致人事评价失当的企业屡见不鲜。如今，年功序列制①分崩离析，终身雇佣制名存实亡，企业很早就在单一劳动的基础上导入了"职务津贴"。大部分企业导入的职业资格制度虽然也能达到一定水平，但高端人才的待遇正在朝"职务津贴""职位津贴"的方向推行。当前或许正处于过渡期、转变期。

无论是成果主义还是结果主义，评价时都离不开业绩。业绩强调客观性，必须通过"数据"来进行评价，但若仅依靠数据，无疑会沦为结果主义。

有时，我们会因为一些偶然状况而取得意料之外的业绩。例如竞争店铺倒闭，那么业绩自然会有所提升。反之，若出现了新的竞争对手，业绩也可能因此下滑。如何将这些"已知条件"的影响纳入考虑也着实令人苦恼。

如何评价创造业绩的过程，如何斟酌本人的努力程度，都需要费心思索。

长期以来，小嶋一直使用两张评价表开展工作。一张是用分数体现个人实际能力和业绩的评价表。这张属于人事考核表。另一张是记录个人潜力、职务适配性、性格、特征等项目的观察鉴定书。

在人事考核表中进行最终评分时，小嶋专门召开干部评议

---

① 年功序列制：即所谓的论资排辈，根据为企业工作的时间和个人资历确定员工薪资水平和晋升方式的制度，和终身雇佣制密切相关。

会，从上至下列出干部清单，让董事以上的高层领导从各个角度展开激烈的讨论。JUSCO诞生之后，这些举措发挥了重要作用，让一直以来默默无闻的其他部门的干部得以充分展示自己的能力和成绩。

更重要的是，经过反复讨论酝酿，评价的标准逐渐统一，董事之间达成了一致意见。人事评价的公开讨论能促进认同感和公平感的产生，有利于打破人事工作的隐蔽性。

从结论上讲，对于包括高层管理人员在内的干部，不能只看"经营上取得的直接数字成果"，更重要的是对"努力提升企业价值""人才培养"等重要领域的贡献度进行评价和讨论。同时，这套评价标准必须延伸至各个层级，在职务说明、权限规定及业务执行手册等各类文件中予以明确，并坚持贯彻至组织基层。莫让"人事评价表"及相关的讨论设计始终停留在晋升或奖金发放的简单参考上面。

8 对组织各层级的要求

"不论规模大小或行业类型,观察那些日渐式微或业绩低迷的企业,不难发现比起低层级员工,问题产生的原因往往在于高级别、高层级员工缺乏经营意识,学习不到位。"

合并能带来很多好处,从被合并企业的角度来看,主要优点之一是脱离地方中小企业的局限,从大规模家族企业经营向现代经营蜕变。

从一家由高层领导事无巨细包揽一切的公司,成功实现组织化、制度化的转变。

当我还在人事总部时,若地区企业法人出现问题,我便与小嶋一同前往,按照高层、经营层、管理层、监督层、一般员工(工会干部等)等不同层级,分别与员工进行面谈。

这便是所谓的"CT检测"。将组织按层级解剖进行详细诊断,找出病灶,发现瓶颈。我主要负责记录小嶋提出的问题和对方的发言。

九州O公司便是上文小嶋所说的典型。公司高层执意使用过去的经营手法，并按照过去的方式对待老员工。

开展"CT检测"数月后，小嶋再次前往O公司，令高层领导辞去了职务。人事工作有时不能光说漂亮话。要阻止领导个人的一意孤行，让更多的人抱有梦想，就必须扮演反派角色，痛下决断。

企业由分工、层级，以及权限、责任、职责共同构成，旨在达成一致的目标。当目标无法达成时，应该是某个环节出了差错。是战略或战术上的失误，还是成员的能力不足，抑或是组织协调方面的问题？原本应当遵循"组织要靠凡人成就不凡之事"的宗旨，但在高层领导个人意志的影响下，组织整体可能陷入截然相反的局面。这一点需要注意。

9　人要看怎么用

"无论什么样的人,只要找到适合这个人的方法,都能对社会有所贡献。"

小嶋和冈田从一片荒芜中重整旗鼓,再次成功创业,两人都深谙用人之道。无论设定怎样的理想目标,没有人的参与都将毫无意义。企业经营必须以人为中心来开展。因此,我们首先要"以人定事",而不能"以事定人"。

企业需要的是寻找成功的可能性,而不是寻找失败的理由。紧盯员工的缺点不仅无济于事,还会挫伤本人的工作积极性。对双方都没有好处。

松下幸之助常说,"我只上过小学,所以才请来了优秀的大学毕业生。又因为自己身体较弱,所以才请来了体格强健、精神饱满的人",小嶋与他也有相通之处。

最近情况如何?有没有将员工视为自己的所有物而随意差

遣？是否将双方变成了支配与服从关系？是否让企业成为工资与劳动的交换场所？我们需时时自省。

社会将人才托付给企业——这种谦逊的态度至关重要。

10 停滞导致浑浊，僵化引发腐败

"当时要是换人就好了。"

以我的经验来看，人往往难以摆脱"一旦停滞就会浑浊，长久不变将引发腐败"的规律。这主要是指工作方面。是人的本性使然。

具体而言，刚刚任职时人们会因不熟悉而拼命工作。待业务上手之后，终会失去紧张感，逐渐"习惯"起来。这正是最危险的时刻。人们将不再以"企业标准"对待工作，而开始套用"自我标准"。

如此一来，不仅在工作中放松对自己的要求，还会通过日常的行为举止向他人暗示自己的无可替代性。垄断信息，不公开自己的行动或计划，排斥他人的干涉，并且反复强调自己工作的"艰巨性"或"重要性"。这些人便是所谓的"老油条"。

从管理的角度来看，远离总部的地方更容易产生此类现象。倘若放任不管，很可能进一步演变为事故、欺诈或隐瞒等不正当行为。这些人通常颇有才干,因此很难察觉。

受蒙蔽的只有上司或高层,下属或周围的人尽管知道得一清二楚,却都闭口不言,这才是问题的严重性所在。这不仅仅是干部的问题,也可以说是普通员工、作业人员的问题。

负责一项工作几十年的人,会建立起一个不受企业管理约束,阻碍改善实施的封闭世界。不过,这不单是"老油条"本身的问题,没有尽到管理责任的一方也要承担相应的责任。

JUSCO时期,担任同一职务长达三年、在同一地区或店铺工作五年的员工将被列入"长期滞留者"名单,作为调动或职务变更的候选对象。虽然也有反对意见,认为这些人"好不容易适应了工作""明明很内行",不过比起僵化的风险,小嶋坚持选择给组织通风换水,给员工带来新的刺激和挑战。因为从长远发展和人才培养的角度来看,这是更好的选择。

然而,有一件事曾令小嶋痛心不已。这件事性质恶劣,已经称得上事故了。

员工T是公司派遣到海外的人才,能力很强,在海外业务中大显身手,发挥着难以替代的作用。派遣满五年时,小嶋与总裁商量找人接替T,结果因为始终没有发现合适的继任者,加之T本人也希望继续任职,因此一直没有调动。

不久后,事情便败露了。长期的单身赴任生活或许在不知不觉间侵蚀了T的意志。T背叛了留在日本的家人,在当地重新组建了家庭。不仅如此，T对企业的归属意识也日渐淡薄，还在当地经营了另一家公司。

作为惩戒，T当然被解雇了。之后，他选择了离婚，留在当地经营同样的业务，结果遭遇了一起严重的交通事故。

从此便再也没有他的消息了。

事发之后，小嶋无不感慨地说："唉，当时要是换人就好了。"然而悔之已晚。

11 杜绝亲信政治

"不能将备受高层青睐或称赞的人安置在高层身边。"

这是小嶋留下的人事经验之一。"高层领导也是人,并不是万能的。让他们一心专注于原本的工作很重要,不能将迎合高层喜好的人安置在他们周围。受到高层称赞的人也一样。秘书等职务应选定年轻能干的人担任,作为锻炼的机会进行轮换。"

人事方面应当注意对"秘书"和"亲信"的处理。秘书或亲信由于职务的关系,大多会在一定程度上协助领导处理私事。为了合理安排日程、访客,及时签批文件,"公"与"私"之间界限模糊的情况经常会出现。除此之外,秘书或亲信可能假借高层权威而滥用权力。谄上骄下、恃强怙宠之辈便是由此而来。另一种人是刻意接近秘书或亲信,试图打探消息,根据高层的日程安排蓄谋应对之策。

在高层领导看来,这些人或许极为"伶俐体贴",但这也是导致企业腐化的原因。

小嶋每一两年便会更换自己的秘书，其他董事的秘书也会及时调动。原因虽然不曾言明，但如上文所述，我懂得其中的真意。

此外，缺乏道德观念的人，阻碍企业经营的人，逃避责任或回避风险、奉行明哲保身的人，以及务虚不实的人都要从高层管理人员的身边清除。这才是确保组织长久运作、企业长足发展的关键。

12 发掘人心之美

"在大多数情况下，只要认真坦诚地面对，哪怕是敌人也能理解。"

一个人的长处需要相当的耐性才能得知，相反的是，人们通常能立即注意到他人的缺点，而让自己置身事外，有时甚至通过议论他人的缺点，突出自己在这方面的优越感。

这里所说的"耐性"，是指用人方能识人，通过工作才能加深对人的了解。这个过程需要耐心、沉着。

1971年，与信州的"林家百货店"合作之际，小嶋给林家百货店的每一名干部都寄出了一份手写的"贺年信"，而且不是普通的明信片，是长篇幅的贺年信。

这同时也是小嶋的一种"呼吁"和"号召"。

面对看不到重建希望的时期，她在信中要求干部们了解社会发展动向，以及与JUSCO合作的宗旨，并逐一提出了对干部们的期许和他们肩负的职责。过去干部们从未收到过类似的信件，也没有人直接向他们表达过期待与责任，他们因此从失败者、旁观者的角色转变为当事人，对自己应该做的事情有了新的认识。

人心十分微妙。如果关注美的一面，就能激发出人的优良品质；若刺激到坏的一面，便会引发恶意。人的优点与缺点是成对且相对的。

一方愈强，则另一方愈弱。关键是看作用于哪一方。用人之道，妙在"得以其法，事在人为"。

13 合并成功的本质——人心的凝聚与融合

"公平与公正必须具备任何人都能看懂的具体性。为此，企业必须建立定期公布基准、制度的机制。只有建立这种机制，才能实现人人都认可的公平公正。"

企业合并虽说是创造性举措，但对于薄弱环节或容易产生问题的部分，还要通过手术或清淤等方式进行切除、清理。尤其是人事方面的问题，如若标准不一致，歧视、偏袒等合并带来的负面影响便会爆发，而这些问题一旦爆发，将后患无穷。因此，首先必须统一标准。

要实现人心的融合，最重要的是在员工任用或薪资待遇等方面，将"机会均等""公正""公平"等原则贯彻始终。措施上必须具体可行，让企业和员工都能理解。双方的认同感也由此而生。

标准的制定必须尽量客观，学历、性别、年龄、国籍等无法通过本人的努力来改变的事项不宜作为参考。重点是如何建立资格制度、录用制度等。

冈田屋的员工入职数月后要进行"员工录用考试"。考试内容由就业规则、内部规章以及销售知识等构成，从"我们的职责"开始出题，要求员工们牢牢记住所有的条目，一字一句都不准出错。就业规则和内部规章是公司和员工签订的广义劳动合同。既然是社会的一员，遵守规则也是员工们作为获取薪资的劳动者应当具备的自觉和涵养。更重要的是，员工要通过这种方式与自己的学生时代告别，这正是入职后进行考试的意义所在。不及格的话将作为正式员工候选人在一年之后再次参加考试。

有这样一则趣闻。家长们发现，自从在冈田屋工作以来，孩子们比学生时代更加刻苦用功。于是他们纷纷咨询原因，得知是要参加冈田屋的"员工录用考试"。气急败坏的家长们打电话质问公司："我家孩子难道不是正式员工吗？"经过人事部门一番恳切真诚的说明，家长们才接受在冈田屋需要继续学习的解释。

冈田屋通过"组织制度委员会"已经对资格制度、录用制度等问题进行了充分探讨，委员会的力量也逐渐充实，但 Futagi 和 Shiro 却并非如此，合并之初颇为犹豫不决。

然而，在设想了 JUSCO 的未来发展之后，小嶋毅然决定，先导入职业资格制度，继而对资格与职位进行了分离。

1968年，即在制度的筹备阶段，首次导入了三家合并的管理职务录用资格考试制度。实行了科长（之后的副参事）录用考试。科长录用考试每年采用"MTP（Management Training Program）"作为考试内容，是以美国陆军下级士官的教育培训教材为参照，进行本土化加工而成。每年参加考试的员工都要接受相关培训和测试。若考试没通过，第二年还要继续。讲师高桥三郎在培训开始时，总是打趣道："○○，你今年又来了啊。"

这种录用考试制度和资格制度无疑具备一定的客观性。

另外，"教育能力开发制度"得以完善。其重要支柱正是"JUSCO大学"。

企业全体员工的机会之门由此打开，员工通过自身的努力提高能力成为可能。如果想成为店长，参加"店长培养课程"即可。员工无论来自哪家企业，都能享有接受教育的机会，与相同志向的人一起学习。

通过创建标准客观、机会均等的平台，让志同道合的伙伴们会聚一堂，企业成功实现了人心的一致与融合。

14 | 创建衡量公正能力的标准

"要想将公正的原则贯彻到底,就不应对任何人给予特殊对待。必须与其他员工一视同仁,这一点尤为重要。轻易妥协绝不会产生好的结果。"

企业合并时,要建立公正的标准,还面临着一大难题。具体是指关西地区各店铺所属专职人员的待遇问题。冈田屋在开设超市时,会先向现有企业派遣员工接受指导,再将员工派往学校学习实际业务和理论知识,旨在培养技术人才,而非专职人员。

但是,旧企业在关西地区一直依赖专职人员开展业务。这些员工既缺乏准确的信息或学习的机会,店内也没有其他同事,最多不过与其他店铺的专职人员有所往来,店铺的运营完全按照他们的标准进行。不过问题不在于专职人员本身,而在于企业或店铺的管理。

小嶋便与专职人员们面对面,反复商议交涉,让他们要么再次前往学校学习新知识，要么在 JUSCO 的技术中心担任技术人员。这些专职人员大多自尊心很强，小嶋让他们自己做出选择。虽然有少数人辞职，但绝大多数专职人员都留在了 JUSCO，成为企业战斗力的一部分。

"就企业的发展目标，尤其是专职人员的转型发展方向等问题，我耐心地与他们进行了沟通。只要敞开心扉，坦诚相待，大家都能理解。大多数'专职人员'通过学习新的知识和技术，最终脱胎换骨，成为 JUSCO 不可或缺的'专业人才'。"小嶋在《足迹》中这样写道。

另外，我还想介绍一下林家百货店重建的故事。林家百货店是长野县松本市的著名百货商店。由于在新楼搬迁上投资过度，财务状况极端恶化，虽然开展过品牌合作的三越百货店也派副总裁前来支援，采取补救措施，但重建工作依然极为困难。

1970 年，林家百货店与 JUSCO 签署了相关备忘录，着手重建工作。当时正值 JUSCO 成立不久，超市支援百货商店尚属第一例，在业界引发了极大的关注。

JUSCO 首先派出了三名员工参与重建，但遭到了工会的反对，不得不全部替换。

与此同时，JUSCO 的名西购物中心在名古屋开业。林家百货店的 30 名职工和其他店铺的数名员工被调往此处。目睹了新时代零售行业的繁荣之后，他们开始努力学习。并且，相关的最新动向也逐渐传回松本。

在业务方面，虽然以保留百货商店的优势为基础进行了翻新，但内部的工会问题十分严峻。百货店劳动工会的上层组织是商业劳联，对于旗下的工会团体明里暗里都会产生很大的影响。另外，工会在甲信地区处于领导地位，很有名望，因此虽然在团体交涉时遇到了些困难，但最终还是成功说服了他们。

在推行了多种措施的同时，干部教育（以管理为支柱的分层教育）被视为重中之重。JUSCO 的冈田卓也总裁前来拜访时，百货店在关门之后将干部们召集到屋顶的员工食堂，针对海外形势、国内现状、林家百货店的现状、存在的问题等，以答疑的形式展开讨论，直至深夜才结束，仿佛举办了一场冈田讲座。即使是反对意见，冈田也认真予以倾听，并且让提问者代入自身进行思考。

小嶋也经常前往松本，为林家百货店举办干部培训课程。比起讲课，她本人更倾向于采用互动问答的形式，在答疑环节一决高下，且不允许员工只做评论，而是通过"那么你想怎么做？"等问题激发他们的当事人意识。

培训课程通常在林家百货店里面的"林家会馆"举办。会馆的员工见到小嶋时，被她锐利的目光和凛然的姿态吸引，好奇地问："这是哪所学校的理事长吗？"

对于尚处亏损状态的林家百货店而言，筹措教育经费十分困难。不过，小嶋和冈田都对调至当地的员工表示极大的支持，从未削减教育方面的分毫预算。

逐渐地，各项措施开始奏效，工会的态度有所软化，百货店的业绩也得以急速恢复，不仅还清了银行贷款，周转资金甚至出现了盈余。1974年，业绩复苏的林家百货店在JUSCO集团政策发布会上受到了特别表彰。此后，林家百货店改名为信州JUSCO，成为长野地区合并的核心企业，成功实现二部上市。

长野县自古便是教育名县。林家百货店的员工基本上都很聪慧，对理论的理解能力很强。不少员工还参加了JUSCO大学的考试，并以优异的成绩完成学业。大批高素质人才的付出是该店业绩得以恢复的重要原因。这无疑也是拒不妥协、正面力争带来的良好结果。

15 身为专业经营者（人事负责人）的自豪

"在企业中，必须对人基本的生活方式这一普遍性认知进行适当的思考、评价，并作为企业文化加以确立。"

关于小嶋的人事政策，虽然创下了被誉为"传奇"的实绩，但与小嶋本人极强的个性密不可分，其理念与行为动辄带有强烈的个人属性，被人们认为"只有小嶋才能做到"，因此难以向下传承，这一点也是事实。人事问题要靠经验的积累，必须根据具体情况来处理，而且其中还包括大量的敏感内容。

尽管如此，作为有助于深入了解小嶋的重要部分，我想在此阐述小嶋关于人事的基本思想。

接下来介绍的是小嶋于1980年面向人事负责人创建的"人事政策备忘录"中的部分摘录和摘要。

（1）人事政策的基本

人事政策的基本是确保企业的发展力。在具有发展力的企业，人们都有希望发挥自己的能力，因此即使有些许不满也能顺利解决，形成对未来充满期待的企业风气。这种风气能进一步促进生产力，让企业进入良性循环。这种循环一旦消失，企业将走向老化，业绩也会随着时间的推移逐渐恶化，被抱怨和不满充斥。

（2）良好风气的保持与渗透

因此，人事政策的基本要务是保持并渗透良好的企业风气。企业的发展力在于人。发展的关键在于组建一个能够预见变革、接受变革，并积极应对变革的团体。

（3）允许变革的制度设计

要培养允许变革、善于把握机会的企业风气，需要通过合理的制度设计，让员工前往其他地区或营业场所参观学习，增长见闻。另外，企业的方针、对策、营业项目、营业场所的设置等方面也需要有计划地进行转变。也就是说，要创建一个持续向组织输送新鲜空气，不断净化血液的体系，并确保员工知悉。

（4）系统（制度）的创建与保守型员工的排除

要确保发展力，就必须确保拥有创建系统的人才。无论是软件还是硬件，系统的技术革新是理所当然的。一个系统建立完成后，保守的本能就会开始发挥作用。而技术革新是一场与保守本能开展的斗争。人事政策要求将保守型员工从企业的中枢部门排除。经验与保守是两个截然不同的概念。技术革新的需求原本是从经验中产生。然而，保守型员工无法从经验中创新。人事工作的要点在于辨别人的本质，提升人的素质。

（5）录用是本质的甄别

人事工作始于录用也终于录用。录用其实是对本质的甄别。本质指的是创造力。因为创造力是产生革新的力量源泉。另一个要点是企业的兴衰与人的性格之间的关系。不能将虚构性强的人安排在高层领导周围。高层领导往往会重用虚构性强的人。所谓虚构性是指无法实事求是地传达事实。也就是说，虚构性强的人会从事实中刻意消除对自己不利的部分，对事实以偏概全，对高层领导隐瞒对自己不利的内容。高层也是人，喜欢听顺耳的好话。虚构性是这些人与生俱来的性格特点，他们自己却很难意识到。

根据我多年来的经验，虚构性强的人一定会将当前的不利状况归咎为他人的失败。当然这也是事实。然而，即使面对自己应当承担的责任，他们也拒不承认，认为原因不在自己身上。人难免会有失败，但他们深信自己永远不可能失败，这就是虚构性。总之，这些人很容易被摆放在有巨大影响力的位置，受高层宠信，误导高层的决策。必须将这种人从高层身边清除。

（6）准确的信息

企业兴衰，简而言之，是某一时期高层决策的结果。当然，高层领导也是人，并非总是完美的。不过，在进行决策时，必然是基于某些信息，因此确保信息的准确性极为重要。信息经过了层层过滤，主要取决于传递的渠道和形式。重要的是不将过失视为过失。人生不可能没有过失。经营也不可能十全十美。关键是看如何修正。

（7）人事重在组合

人事重在组合。要看如何构建集体来防止错误。人事技术是一门人与人的组合技术。组合需要通过对个别人才的知识组合所产生的不同结果加以预测。组合的结果取决于具体情况。既有可能出现协同效应，也可能导致效果相互削弱。面对紧张局势与平稳期的情况也有所不同。希望达成什么样的效果，如何进行组合，道理与药物的组合相似。是以毒攻毒，还是发挥药剂的作用中和毒性，要通过对人们的体力、环境、本人的意志、财务支持等方面的洞察和判断进行定夺。

(8) 时机

人事政策讲究时机。虽然要看社会需求，但主要依靠企业所处的环境和企业内部的人事结构来实现。在不同环境下，企业的希求内容也不一样。时机可以通过某种程度的洞察力来预测。

希求就是力量，是发展的原动力。发展力可谓是企业的生命，因此如何酝酿这股力量十分重要。力量的酝酿需要时间。关键是何时播种，等待多久，何时迎来力量的全盛期，最终达到何种形态。

(9) 预见性

播种要趁早。从这个意义上讲，人事工作需要预见性。另外，还需要等待的耐心。同时要具备察觉时机成熟的敏锐性。周密的计划也不可或缺。还要有一定深度的预判。人事方面的预判主要体现在与企业的长期计划保持一致。

企业需尽早确立在业种、业态上的发展目标，并做好人才保障，其重要性毋庸置疑。但在此之前，参与企业未来规划的智囊必不可少。

(10) 高层领导与员工

优秀的领导就是拥有优秀员工的人。

员工不仅要擅长专业技能，还要具备作为集体成员的统一管理能力。为此，上文所说的员工性格就显得尤为重要。迄今为止，我与许多人打过交道。虚构性强的人虽然自身很有能力，但未必能增强集体的力量，有时还会分散集体力量。在成年人的世界，表面的和平与实际的不满是并存的。换句话说，由人引发未经证实的不满的情况居多。

成为企业最高领导的人要具备胆大心细的性格。不谨慎的人、不成熟的人若成为团队的首领是很危险的。他们不仅会让自身陷入危机当中，还会危及团队所有成员的生活。人事工作离不开核心人物。

核心人物必须细心谨慎，其周围的人最好具备光明坦荡的品格。这是团队的常规配置，也可以有意识地进行培养。人事政策的基础应着眼于企业风气与核心人物，即总裁与智囊团的培养。

（11）关于员工

人事政策在于组织的组建和联动。智囊团也是组织战略要员。

根据目标进行管理时，当事人通过设定目标和获得相关部门的认可，使目标的实现成为可能。当然，JUSCO 也是通过设定目标，明确方向并确保员工知悉，才得以达成目标。而目标的创建和实施步骤通常由智囊团负责。

总裁只需要事先明确意图,并决定由谁担任智囊团的首领即可。

不过,任命首领的时机和对象是总裁所承担的重任。智囊团也要靠组合,组建时不能吝惜人才。目前,JUSCO 在这方面的人才依然不够充实。用建筑来比喻的话,智囊团相当于设计部门。小企业需要高层领导亲自设计,亲自担任木匠师傅。而我们这个由多个小企业合并而成的团队虽然有木工,但缺乏优秀的设计师。JUSCO 总部必须形成设计师集团。优秀的设计师要对木匠师傅、木工、泥瓦匠,以及其他成员的技术水准有充分的了解,并在此基础上进行设计。

另外在引进新技术的同时,还要在设计过程中不断地对他们的理解力、品性加以引导。新技术的引进程度决定了与其他公司竞争的胜负。JUSCO 合并的最大优势在于地区企业能够利用总部的功能。这意味着地区企业没有配置专业人员。专业人员的培养需要依托高超的经验技术。专业知识水平不够的人不能称为专业人员。

(12) 企业外部员工的有效利用

专业人员的培养应与企业外部人员的有效利用共同推进。如果说战略是指积极应对环境的变化,那么为了应对这种变化,企业必须不断选择外部员工并充分加以利用。因此，企业外部员工的选择一旦出现失误，对企业而言或许是致命的。

原则上，企业外部员工可分为三类：①为高层提供哲学理论支撑的人才，②用于理论武装的人才，③用于引进新技术的人才。

尤其是②、③类人才，由于与企业的革新政策、战略密切相关，可以说这两类人才清单决定了企业的未来。正如商业交易中的客户选择由商品总部部长负责一样，在②、③类企业外部员工的选择上，也必须由相关部门进行充分的分析和审议，结合部门负责人的意见系统地予以考虑。部门负责人要顾及由此带来的长期影响和根本性影响。

（13）能力开发部长的职责

因此，希望能力开发部长能开发实现企业主要业务政策具体化的方法，选择有足够能力的实干型人才担任领头羊，同时通过企业内部和外部员工的协调配合来推行政策，扛起推进者的重任，并培养出更多能力开发部的成员向地区企业输送，作为锻炼培养推进JUSCO联邦制经营团队成员的机构负责人，真正发挥出自己的作用。从现状来看，在成果的检验（针对与目标之间存在的差异，找出原因和改善手法、成果检验手法）方面做得还不够。这是我们的弱点所在。

另一方面，说起我们的优势，可以说是尊重人的风气吧。因此很少出现人与人之间的纠纷。

这是将合并推崇为企业的基本命题，成功实现今日繁荣的原动力。但是，若从相反的角度来看，这种原动力与重视效率之间并无关联也是事实。

（14）基本命题

处于指导立场的精英会从长远性、全面性、根本性的角度看待事物，根据自身的情况和实践来思考如何解决问题。我们要把 JUSCO 的未来，JUSCO 该如何采取整体性、根本性的措施等问题当作自己的事来思考。另外，培养这方面的人才是人事政策的基本命题。并且，这不仅仅是企业执行机构的实践性课题，也是劳资双方领导者的相通之处，也要求工会干部具备同样的资质。

确保工会成员和企业员工生活长久稳定是经营管理政策的基础之一。这个前提一旦崩溃，所有的抱怨和不满将全面爆发。人事战略必须维持经营的稳定。维持的要义在于发展。发展在于改革。改革由人发起。人则靠人事来培养。

改革由领导者推行，正常情况下领导者是企业的干部，若由普通大众发起将引发混乱。因此，就人事战略而言，培养引领改革的领导者和深耕接受改革的基层文化土壤可谓战略中的战略。

——以上是小嶋面向人事负责人编写的"人事政策备忘录"中的部分内容。虽然主要是针对 JUSCO 的人事负责人，但对于今天的永旺，乃至具备一定规模的企业经营者，都能成为人事政策基本思想的参考。

第 5 章

独立自律的生存处方

1 以何为目标

"对于成长的可能性和极限,最重要的是如何去描绘自己的形象。"

目标或目的的说法也可以换成梦想、希望、愿望等。重要的是将其想象成更加具体可行的形式。成功人士的共同点是,对自己的前进方向,即目标有着清晰的描绘。

在实际经营中,要以合理的形式确定目标,将现状与目标之间的差距作为"课题""问题"来认识并解决。应将目标设定为更具体的、可计量的数值目标或定性化的行动目标。

个人生活也是如此。比如,假设一名新员工设定了一个在三年内存满 100 万日元的目标。目前他只有 20 万日元的存款,还差 80 万日元才能达成。

第一年要做各种准备工作,目标可定在 20 万,第二年、第三年均定为 30 万,共计 80 万日元。进一步细化的话,第一年每个月需要存 1.7 万日元,每天大约要存 570 日元。

首先具体计划到这一步，再来考虑如何才能实现目标。

戒烟、减少外出就餐的次数、随身自带水壶、避免购买瓶装水等具体的行动方案想必能拿出不少。之后，便是逐一进行实践。

倘若只是漫不经心地想着"三年内存够100万日元"，则必然无法实现。必须落实到行动上，远大的目标或梦想也是同样的道理。

人生十分漫长，所以要分阶段、分步骤、分方向、分顺序，不可能一蹴而就，在此过程中我们也有机会客观地审视自己。

关键是要将目标设定得高一些。因为设定平庸的目标会使人丧失为之奋斗的欲望，难以产生新的智慧和手段，无法维持适度的紧张感。虽说如此，也不能设定一个永远无法达成的目标。那不过是无谋之勇。

还要注意的是，目标必须有意义。

结束了约40年的紧张经营生涯之后，小嶋以10年为单位设定了自己的目标。美术馆开业无疑是其中的一大挑战，小嶋为此投入了大量的时间和金钱。建筑物细节部分的构想，以及收藏品、展示品、之后的企划展等，都是"小嶋千鹤子"的思想、理想本身。此外，"制陶"也在不断改变主题的过程中延续至今。

以何为目标，做出何种选择？人们基本上都有各种各样的欲望，其中最强烈的应该是身处"优质世界"的自己，为了不断接近自己内心的形象而采取行动。无论是企业经营还是个人生活都是如此。

2　掌握开发自我的能力

"不断地学习,掌握知识和技术,这不仅能改变自己,也会改变周围的人。"

人并非孑然一身。这是对关系的一种认识,它会影响所有与自己相关的人,而不是单纯的"个体"。经营者不断地学习,增加知识,根据自己学到的东西做出选择并采取行动,决不仅仅是为了自己,也是为了确保企业的发展性。对社会的作用自不必说,考虑到对员工生活稳定性的影响,这一点想必也不难理解。

如果用个人生活来类比,若女性作为贤妻良母勤勉好学,让家庭生活朝着规律健康的方向发展,丈夫势必也能给孩子的成长带来积极的影响。自己所掌握的知识能拓展自身可能,待重返工作岗位时,更有可能做出明智的选择。

学习的方法不仅限于阅读书籍,希望大家尽量避免单一地、被动地接受知识,而是要积极思考并选择学习的方法。

换句话说，希望大家通过自己的意志行动起来，继而了解自己的个性，分析自己的优势、劣势，充分发挥自己的优势，最大限度地减少劣势。若紧盯劣势，试图将其完全消除，将耗费额外的精力，且往往收效甚微。

另外，在与他人的竞争中，有人尝试借此提升自己的能力，但这种做法并不可取。因为竞争本身容易沦为目的化的产物。

与之相比，以"自制心""自我革新"为目标，自我勉励，自我革新，与自己进行斗争，才能获得真正的成长。

自制心是激励自己的内在动力，也是实现自身目标的强烈意志。绝非他律性，而是自律作用和习惯。

3　人拥有无限可能

"这么大一家店，父母辛辛苦苦减少亏损之后再交给你，你毕业于早稻田大学，难道不感到羞愧吗？要是没有做好从逆境中起步的思想准备，你最好立即放弃。"

事情发生在濑户市的一家大型陶器店。

面对即将继承家业的儿子，年迈的父亲说道："小嶋女士，这么多年来我一直经营着这家陶器店，但业绩始终上不去，不知道将来会怎样。现在，我打算先尽量减少店铺的赤字，再把它转交给儿子。"小嶋便回答了开头的一番话。

成就事业的伟人都有共同点。那便是缺少得天独厚的环境，从"逆境""挫折"中脱颖而出的情况居多。考虑到这一点，与其学习 MBA 等"技能"，不如从"前人的足迹"中汲取经验，后者才是更加人性化、更明智的行为。

所谓能力开发，就是将尚未被使用的、隐藏在意识当中的"潜在能力"展现出来。

对隐藏在内心深处的潜意识给予良性刺激,即通过建立积极的人生观获得满足感、成就感、价值感,以此激发出创造更多可能性的情感、意识。

例如通过考取公共资格证书、挑战新的课题、尝试新的领域、结识新的朋友等方式,激发此前从未使用过的能力。

用人体来比喻的话,相当于使用不同的肌肉进行锻炼,保持一成不变的状态难免因循守旧,能力反而会退化。

不仅如此,能力的获得仿佛花朵的绽放,会在某一天突然盛开。一直难以企及的事情突然就能做到了。这绝非偶然,而是锤炼的结果。

换句话说,要靠坚持不懈地勤学苦练才能实现目标。

4 闲散漫步的心态无法攀登富士山

"确立目标并为之奋斗,制订具体的计划,思考合理的手段,用学习来弥补欠缺的知识。因此,我们才最终实现了所有的目标。"

在 JUSCO 设立之前,小嶋和冈田经历了漫长的助跑期、筹备期。筹备主要是指精神方面的准备,能力、技术方面的准备,经济方面的准备,以及体力方面的准备。

精神方面的准备需要远大的志向、满腔的热情和面对困难的勇气。

小嶋依靠使命感和智慧挺过了战前的动乱时期。战后为了事业的重建与复兴,她将自己和弟弟以及数名下属的能力都已开发殆尽。可以说所有这些都是为设立 JUSCO 而做好精神准备的助跑阶段。

上文已有提及,小嶋曾经营过一段时期的书店。我想那六年应该是她向专业经营者蜕变的知识储备期吧。

在目睹了美国零售业的繁荣之后，小嶋重新制定了更加远大的目标，积极着手发展连锁店，但连锁店的拓展需要大量的管理者、专业人才。为此，小嶋采取了定期录用大学毕业生、大批录用大学毕业生等人事策略。

回顾这段历史，可以说小嶋所用对策的共同点在于，拥有"准备周全"的战略眼光。

在将今天的问题处理妥当的同时，切实为明天做好准备。

今天既是昨天结果的反映，也是为明天做准备的时期。在认识到志向、目标、计划、手段的重要性的基础上充分做好准备。计划是面向将来做出今天的决定，对结果进行预测。设置可衡量的标准，针对可能出现的风险、该做什么、不该做什么等，明确相应的部署。

部署是对人、物、财的组织化，也是将事物分解之后重新构筑的能力。只有对一切成竹在胸时才能做到。

今天的成绩由过去的决策和行动累积而成，绝非偶然性产物。在拥有远大目标和雄心壮志的情况下更是如此。

想要获得丰硕的果实，就必须为之做好充分的准备。

5 掌握复原力

"必须将失败视为最好的教育机会。"

要从失败中汲取教训,需要做到以下两点。

一是分析失败的原因。失败的原因主要有以下六个方面:①故意为之,②无意为之,③能力不足,④虽有能力但要遵从公司的规则和流程,⑤任务难度过大,⑥不确定因素过多。

①至③很难定义为失败,更接近于事故。对于④至⑥,则很难做出统一的判断。但不管怎样,关键在于如何看待自己失败的原因。自责型的人大多认真且勤勉,对自己做出过于严苛的判断。

相反,他责型的人则试图将责任更多地转嫁给别人,不愿意承认自己的失败,因此很难从中吸取教训。

为了避免这种情况的出现,可在发起新的挑战时事先决定成功和失败的标准。例如确定好期限、日程、预算、需要攻克的难题等要点,在无法攻克的情况下选择中途放弃等,设置自己的标准。即设定做到某一步为止的"自我满足标准"。

二是拥有从失败中汲取教训所需的复原力。显而易见，若因失败而一蹶不振，自然无法从中汲取教训作为今后的借鉴。

那么，怎样才能振作起来呢？

要理智、乐观地看待失败或挫折，认识到失败是暂时的、局部的、可逆转的，形成健康灵活的心理习惯。悲观的人往往认为失败是恒定的、全面的、不可逆转的，放大自身的无力感和对未来的不安，最终丧失自信。

这种差异是性格使然，要改变无疑十分困难，但可以通过训练加以改善。

并且，若能从失败中学习，或许比成功更有意义。过去的伟人或顶级运动员等大多是从失败或挫折中奋起拼搏的。

智者从失败中汲取教训，愚者则以遗憾和抱怨而告终。

小嶋和冈田都十分重视个人的希望、意愿。录用考试制度、JUSCO大学、工作调动等均以个人的自发创造性为前提来开展。特别是新业务人员的录用等一般通过"公开招募"或自我申告书的形式决定。

可见比起失败，他们更看重挑战的勇气。

6　成为不可或缺的人

"你想象过20年之后的自己吗？"

举例来说，我们能够轻易创建一家公司，自己立即便能成为"总裁"。然而，"身为总裁""持续担任总裁"要面临极大的困难。不仅是总裁，组织当中被称为"○长"的领导者也一样。成为组织的首领并不意味着能够自然而然地发挥出领导能力，头衔与能力、人格未必匹配。

想要出人头地绝对不是坏事。人们都希望向高处走，有实现目标的欲望。在组织中被委以重任，确实能带来自我满足，一般来说也会得到较高的社会评价。

晋升或任用需满足其组织所要求的"标准"，但多数情况下，是由其他"条件、因素"决定的。例如，根据忠诚度、无私奉献的程度、与贡献度无关的偶然取得的业绩成果、与上司是否投缘、上司的好恶，甚至是派系等极不合理的因素来判断。这就是人情社会。换句话说，组织中的晋升或任用是"部分晋升、任用",而不是基于对人格的整体评价。

在企业这一组织中,要想出人头地难免喜忧参半。不过,出人头地并不是人生的全部。有人选择转入其他组织重获希望,有人选择放弃进入企业而开始自谋职业。

1963年,有一位名为F的员工中途加入了冈田屋。面试时小嶋问道:"你现在在读什么书?"F回答:"唐木顺三的○○。出版社是○○。"他给小嶋留下了很好的印象,被顺利录用,辗转于各个地区的职场。

两年之后,F决定辞职,提交了辞职申请,小嶋便打来电话:"F,你现在来大阪一趟。"F回答:"这么晚了,我去不了。"小嶋劝说道:"你要辞职也可以,但是你想象过20年之后的自己吗?"希望他能打消念头。

尽管如此,F还是选择了离职,开始从事特殊的广告业务。其经营方式十分强硬,限定了行业类型,设定了高标准,且广告费没有任何折扣。这一举措大获成功。F的公司业绩稳定增长,现已成为一家极为优质的企业。距离开冈田屋大约过去了30年。

F说:"我至今还记得小嶋女士对我说的那句'你想象过20年之后的自己吗?'。"

人生的选项是无限的。即便待在企业,到了年龄也要强制退休。仅靠企业生活的盈余(精神上、经济上)不足以支撑漫长的晚年生活。

我有一位熟人在 55 岁时辞去了总裁的职务，投身于自己的兴趣爱好，开始栽培、销售"山野草"盆栽。不仅没有退休的年龄限制，他创作的盆景不断向艺术品的方向发展，还与熟识的行家共同举办活动。无论在家庭中还是在同伴中，他都是不可或缺的角色。

有一次我问小嶋：什么样的人才称得上优秀？小嶋回答："具有革新精神的人。"

身为人事方面的专家，小嶋本人也充分发挥才干，离开公司之后以监事的身份前往各地演讲，并面向职业女性和女性经营者举办了学习会。在个人爱好方面，她从 73 岁开始陶艺活动，85 岁达成了 3000 件的制陶目标，成功举办个人展览，开设并经营美术馆，一次又一次地开拓、探索自己的人生。

坚持不懈地学习，掌握更多的知识和技能，将人生的可能性拓展到极致。这或许就是活着的意义。

7 矫正要趁早

"若不趁年轻肩负起工作的责任,将悔之晚矣。"

俗语说,"打铁要趁热",年轻时切实接受过训练或教育的人,在今后的人生中更有可能成为佼佼者。在学校学习的好处是除了获取知识之外,还能形成"习性"。通过玩伴之间的共同经历得到教训可能令人终生难忘。总之,年轻时人仿佛一块未经染色的白色布料,可以使用任意色彩绘制出任何图案。

考虑到这一点,真正进入社会之后由谁担任"影响者、感化者、导师"极为重要,甚至决定了人的一生。

尤其是在职场中,上司在能否胜任工作方面拥有极大的影响力。

若遇到具有积极向上的价值观、为人亲切热忱的上司,我们便能感受到工作带来的喜悦,体会到合作产生的快乐,朝着为达成目标而不懈努力的方向成长。

反之,若遇到有着消极的人生观、使坏且懒散的上司,我们将对未来感到失望，难以体会到工作的乐趣，选择离开公司，有时甚至还会成为与之相似的人。

另外还有对年轻人的错误置之不理的上司。工作既需要技巧或诀窍，也要注意细节方面的要素、举动。需要出言提醒的时候，上司应该当场纠正。

事后再提醒或集中提醒的效果较差，很难让人牢记在心。因为记不住，又会犯同样的错误。

小时候，在帮父亲干活时，他总是反复叮嘱我"不要一心二用""用刀的时候不要讲话"，我到现在依然遵守着父亲的教诲。

像这样，培训新人时集体培训当然重要，而实际工作中的OJT也必不可少。优秀可靠的员工大多曾担任其他优秀员工的下属，并将自己学到的经验传授给自己的下属，从而形成一个良性循环。

有的员工无论过了多久，始终无法胜任工作，连商务基础素养都不具备，究其原因，通常是上文提到的恶劣上司所导致。然而，员工本人却误以为随着工龄和经验的积累，自己已经掌握了商务基础，以高高在上的态度对待下属，给他们施加巨大的压力。

商务基础重在细节，可以说是接近礼仪的行为。例如随身带着纸笔，针对上司发出的指令做好记录，并复述确认。或者记录下当天要做的工作，删除完成的事项，防止出现遗漏等，养成自己的个人规则、习惯。

此外，还要趁着年轻担负起重任（责任），积累努力完成任务的经验，这对开拓自己今后的人生很有帮助。

胆小懦弱、垂头丧气、轻言放弃的人也不在少数。比如逃避过重大责任，像"武打师"那样只擅长躲闪的人。遗憾的是，这些人以后的日子或许会很辛苦。

总而言之，要让年轻人承担起重要的工作和责任。年轻人要勇于接过重担。

小嶋在23岁时出任总裁，她的弟弟冈田也在20岁时便以大学生的身份继任总裁。

8 看待、考虑事物的原则

"对决策犹豫不定时，以能否长期实现来进行抉择。"

小嶋看待、考虑事物有三大原则，一是从长远思考，二是从根本上思考，三是从多个角度思考。

第一点，长远看待事物与短期看待事物可能会得出完全相反的结论。在这种情况下，最好以长远的眼光来思考。

第二点，从根本上和从表面上考虑事物时，得出的结论有分歧。在这种情况下，要以根本性的考虑为准。

第三点，多角度认识事物和片面认识事物也会产生截然不同的结论。在这种情况下，必须从多个角度进行思考。

人生是一个接连面对问题的过程，为此，解决问题时很容易陷入短期性、暂时性的困境。我们往往没有时间和余力去思考根本性、本质性的原因，通常只能片面地、表面地解决当前的问题，缺乏多方面的考虑。

但如此一来，可能会埋下祸根。上述三大原则是避免出现类似情况的有效方法。简而言之不过一句话,深思熟虑,谨慎周全,不要妄下判断。

合并引发的诸多问题中,最难的是人事问题,而人事问题当中又以"退休金"问题的难度最大。当冈田屋尝试与 Futagi、Shiro 合并时,两家企业都对退休金有相关规定,按工作年数乘以一定的百分比进行计算,员工在退休时能获得一笔相当可观的退休金。

然而,小嶋已经预料到,若长此以往,企业一定会因退休金而破产。因此她很早就有了终生工资的想法。她认为今后若不实行年金化改革,退休金也不过是画饼,根本无法实现。这样的话绝不可能给员工带来幸福。经过与劳资双方的反复协商,尽管困难重重,小嶋还是成功实现了退休金的年金化,并依靠利润分享和个人筹款创建了"青鸟基金"。

从长远的、根本的、多方面的角度进行思考,即使做起来难度更大,也要坚定地着手去做。

9 防微杜渐——注重小事方能体现专业

"想培养更多具备常识的人才。"

重要的事情不能交给轻视小事的人。忽视小事会酿成大事，这是一直以来的经验铁律。不过，看似简单，做起来很难，这一点也是事实。

寒暄问候、服饰衣着、遣词用语、重信守诺、礼仪礼貌、整理整顿等日常生活中的礼节自不必说，商务方面的基本规则还要求根据职业、头衔、职务等达到相应的水平。

有一次，小嶋对我说："东海，你要对JUSCO的干部做一次细节常识方面的培训。前不久，我和客人一起坐出租车时，合并企业的○○连客人应该坐在哪里都不知道，真是丢人啊。"在企业内部小嶋虽然不讲究上下级之间的礼法，但对外就另当别论了。

伙伴之间的用语不适用于工作场合，有一定地位的人倘若讲话粗鄙不堪，有可能丧失体面。平时如果夸夸其谈、大大咧咧,将很难得到人们的信任。

小嶋所说的"想培养重视人情味的员工""希望培养具备常识的人才",其实就是指培养更多受到社会信任的员工。

通过小事的日积月累方可成就大事。

专业人士从不忽视日常的小练习,音乐家、艺术家、运动员也深知,若缺少日常的积累,就不可能取得巨大的成果。使用链锯的林业工作者说,与砍树相比,打磨链锯所耗费的时间更长。因为他知道若不事先打磨好,锯刃便不够锋利,就会导致效率低下。

Yanase的员工河野敬在19年间卖出了1530辆奔驰,以"上门推销卖出奔驰数量为全日本第一的男人"而闻名。

"我们都是白天跑业务,因此打交道的基本上都是家庭主妇。主要工作就是放下名片,等待对方的反应。总之只能不厌其烦地上门递名片。"

(摘自《专业服务人员》,野地秩嘉著,President出版社)

据说河野敬进入管理岗位之后,为了磨炼自身,仍然没有放弃上门推销业务。

我认识的一位新锐陶艺作家在当手艺人时期,每天都用陶轮拉制数千只茶碗。之后,他漫游世界各国,依然坚持在各个地方使用当地的材料制作陶器。如今,他创作了许多富有高度精神美感和艺术性的作品,成为颇具人气的陶艺家。

人们都在各自的组织内工作。为了自己的将来,从现在起每天又应做哪些练习呢?

一流的专业人士对小事从不疏忽,始终在人后坚持。

10 不放过细微的变化

"不能把公司的财物交给无法自我管理金钱的人。"

另外，若对小事置之不理，或许终会酿成大祸。

重大事故不会突然发生，而是由许多小事件累积引起的。也就是说，有征兆可循。千万不能放过那些细微的征兆，要立即采取行动。

千里之堤溃于蚁穴，确实如此。犯罪或不正当行为自不必说，发展到这一步之前，孩子在家里的各种行动或变化等迹象，员工在公司里表现出的重度反常、缺勤、丧失热情等征兆都不能忽视。

发现征兆需要知识、经验和观察力。也可以称之为"直觉"，是种通常在第一次接触时就能抓住问题点的能力。当产生"总感觉怪怪的""有哪里不对劲"等念头时，都是多年的直觉在示警。

专业销售人员不会错过畅销商品，财务专业人士能看穿假账，人事专家能准确区分有前途的员工和有问题的员工。他们的共同点都是不放过细节，依靠敏锐的"直觉"发挥作用。

Paramita Museum 美术馆曾发生过一件事。

"最近，我在停车场和美术馆里看到了一个神色不善的怪人，给人的感觉和来参观的客人完全不同，要多加小心。"细细查看后，我发现情况正如小嶋所言。

于是我暗中向工作人员打听，工作人员说这个人是自保安员 O 来了之后开始出现的，而且办公室的监视器也拍不到这个人。

我顿时明白了，此人一定是来讨债的，总之绝非善类。

小嶋和我便把 O 叫来询问，他交代自己背叛妻子有了外遇，最近一直没回家，只在夜里偷偷潜回去拿一些必需品。那个怪人大概是妻子派来的私人侦探。

得知内情后，我们立即辞退了 O。

大家或许认为这样处理有些小题大做，但小事绝不容疏忽。

11 决定人生的是"未得到"而非"已拥有"

"拥有梦想，追逐梦想决定了我的一生。我出身于和服店，没有任何谋生的手段，全仗祖先遗泽才得以生存。战后的日本发生了剧烈的变革。为顺应时局，我决定对企业进行合并，自己也掌握了创建人事管理、组织、制度等方面的能力，蜕变为一个依靠自己独立生活的人，实现了人生的变革。"

人的一生或许都在不断追逐"未曾满足的事物"。众所周知，幼年时期的经历会对未来产生影响，但不能消极地、一成不变地看待幼年经历。从肯定的角度加以解释，将其视为跳板，激发出自我革新、自制心、上进心，从而获得成功的人不在少数。

在战时统制经济的影响下，商家没有可卖的商品。买卖自由受限，也没有人做生意。战后店铺毁于一旦，商品一无所剩，只留下店铺的招牌和数名干部从焦土中艰难实现复兴。

那个时代的许多人都有过这样的经历，大家自然而然地从无开始奋斗，也深深地感受到了和平的可贵。

幼年时期的小嶋曾是镇上和服店里的千金小姐，但随着父亲、母亲、大姐的相继离世，她不得不面对接二连三的不幸，肩负起和服店的经营重担，代替父母抚养年幼的弟妹，把弟弟培养成出色的继任者。

在汹涌的时代浪潮里浮沉，小嶋把全部身心都倾注在"使命"上。

此外，身为商人的小嶋从小就切实感受到了零售业的脆弱、行业的不成熟以及从业人员的知识匮乏。要实现行业的现代化，就应建立"知识团体"。以这一信念为基础，小嶋实施了后来的经营管理、人事政策。她从适应时代的形势出发，着眼于梦想、目标和面向未来的人才培养而开展经营。

她总是尝试创造不曾有过的事物，因此她的一生可以说是充满挑战的一生。

我想，人生或许就是思考梦想、志向，解决目标与现状之间的差距等课题的过程。

"当前没有得到并非不幸。只要努力去争取便可。"

小嶋的话言犹在耳。

12 | 全力以赴制定上策

"你的方案很'普通'啊。"

我被小嶋批评或教导过多次,而其中最难忍受的是"你的方案很'普通'啊……",而且这样的评价不止一次。

听她这么说,我对自己能力上的不足感到不甘,同时也很在意小嶋的说法。

言下之意,她并不讨厌这个方案,但"普通"之下是"下策",而"普通"之上则是"上策"。

"普通"意味着"平庸",是任何人都能想到的普通策略,不值得去评价。

小嶋一次又一次不容分说地打回了我的方案,有时甚至直接撕了说不想看。但是,在反复沟通的过程中,我渐渐找到了问题的"关键点"所在。如此一来,平庸的方案也能成为"上策"。

成功发酵之前虽然需要时间,但能创造出优质的"产品",其过程也能成为自己的积累。

小嶋所追求的"上策"标准很高，要求具备新颖性、冲击力和其他效仿者无法企及的优势。换言之，关键在于是否具备"独特性"。她对老套陈旧的方案可谓不屑一顾。

小嶋喜欢研究学者的理论，并以理性且实证性的思考，在企业的实际运作中对其加以验证，要求理论应与之相符。

"你的方案很'普通'啊"，或许是小嶋在通过自己的方式激发对方的斗志，但的确令人难以接受。不过正因为如此，被她激发了斗志的人才有了朝着更高的目标努力的动力。

当前的想法究竟是上策、中策还是下策呢？我想，小嶋的评价可以作为自我反省和奋发向上的精神食粮。

13 选择决定自我

"你们要认识到，只要还把自己当作旁观者，就不可能获得成长或成功。"

"随处作主，立处皆真。"

这是一句禅语。它教导人们发挥主体性，以真实的自我采取行动，竭尽所能地生活，那么无论面对何种境况、无论何时、无论身处何地都能掌握真理，不会陷入任何外界的旋涡中，也不会遭到愚弄。

主体性指的是当事人采取的行动。

例如，面对工作时，"被迫去做"与"主动去做"有很大的区别。认为自己应该"主动去做"时，会积极思考能否进一步改善、有没有更加轻松的方法等，能够产生创新，即"作主"。

相反，"被迫去做""与我无关"等则不是当事人的心态。以心不在焉、视而不见的状态对待工作，逃避棘手的问题或困难的部分，这就是所谓的旁观者的做法。旁观者对事物往往只有肤浅、草率的理解，缺乏深入的观察，也不具备相关的知识。

不仅如此，旁观者也不会主动求知，因此对事物熟视无睹。他们即使看了报纸或电视也不理解，因不理解而选择逃避，陷入恶性循环。

若将自己视为当事人，便会有意识地进行观察，能够清楚地看到自己之前忽视的部分。善于观察的人还能进一步发挥当事人意识，细致地观察事物，不放过任何特别之处。

另外，当事人意识也是角色意识。比如母亲精心照料孩子，管理者经常观察员工的行为，都是角色意识引发的行动。而且，具有社会性角色的人，必然会从当事人的角度不断获取知识。没有学习育儿方面的知识，就无法养育孩子；不学习并掌握管理者的职责，就不能监督员工。

此外，对于感兴趣的事情，人们会主动学习，积极获取知识。例如，对树木或花草等有了解或感兴趣的人不会单单称之为"树""杂草"，而是用"百日红""山茶花"等固有名词来称呼，并且他们知道茶梅和山茶之间的区别。

可见，知识其实与兴趣、社会角色密切相关。

小嶋常教导新员工，作为"当事人"，要做到"有意识地观察"、"自我启发"以及"数量管理"。培养更广阔的社会视野，扩展兴趣范围，有意识地观察顾客的动作、购物行为，发掘畅销商品等。

"当事人"或"旁观者",站在哪一方的立场取决于自己内心的"选择"。

正如熟语"视雪为己物,笠上雪自轻"所言,只要当成自己的东西,自然就不辞辛苦了。

14 | 最终要把整体利益放在首位

"无论什么样的工作，要做得像模像样，并不是所有人都赞成。正因为有反对意见，工作才有意义。"

每个人都有各自人生的意义，没有统一的答案。但所有人都需要思考的是如何度过有限的人生。

小嶋从 23 岁开始直至辞去 JUSCO 顾问一职的约 50 年时间里，比起个人生活，始终选择以企业经营为先，甚至可以说为了坚持这条道路而牺牲了个人生活。这就是所谓的宿命吧。

尽管是与生俱来的特性，但小嶋的工作、生活激情是普通家庭妇女无法企及的。她鲜少将克己勤勉的一面展示于人前，天性好强，从不怨天尤人。她那爽利的口吻中包含着坚定的意志，说出的只言片语很有分量，让人茅塞顿开。她的话犀利带刺，引人深思，一时间对方或许有些反感，但最终会被她说服……

在 50 多年的漫长岁月里，支撑她做出自我牺牲行为的，应该是她的使命感和必须坚持到底的责任感吧。她充分运用丰富的知识积累,一气呵成地创立了JUSCO,简直有如神助。

小嶋曾说,僧侣作家今东光的下面这句话改变了自己的人生观。

"一半人赞成,一半人反对是最好的工作。"

15 | 以独立、自律为目标

"最难应付的是有依赖性的人。"

独立是指精神上的独立、职业上的独立以及经济上的独立等三个方面。精神上的独立意味着不依附他人，拥有个人尊严，自立自律。职业上的独立顾名思义，是通过自己的职业对社会做出贡献。经济上的独立依靠职业上的独立得以实现。其中，职业占有很大的比重，与精神和经济方面密切相关。

《专业条件》（P. F. 德鲁克著，上田惇生编译，钻石社）一书写道："个人成长的重中之重是追求卓越。由此产生满足和自信。个人能力之所以重要，是因为它不仅会改变工作质量，而且还会改变人自身。没有能力，就没有出色的工作，也无法实现个人的成长。"

最后，我想引用《足迹》中一段话，作为本章的结尾。

"员工若改变自己，店铺也会随之改变，甚至连顾客也会发生改变。也就是说，一个人若改变了自己，组织就会随之改变，继而改变企业。希望自己的企业今后如何发展，和希望自己今后如何发展是完全一致的。为了企业的发展，就必须发展、改造自身。这个事实正是人和企业之间的奇妙之处，也是组织的奥妙所在。负责人事工作，从冈田屋到 JUSCO 的 50 多年人生中，我不断地进行自问自答，思考如何改变自身。换言之，这是一场和自己的战斗。"

一切都取决于自己的生活方式和作为独立个体的处世态度。

终 章

为何现在仍需要"小嶋千鹤子"?

为构建可持续发展的社会

无论是国家、政府、公共企业还是私人企业，任何经营实体或优秀的组织都必须积极适应社会的变化，否则便会老化、腐败、衰退，最终走向没落。虽有经年老化的影响，但发生在人员身上的"安定、保守导向""拖延"等问题在悄无声息地逐渐恶化。它们类似于习惯病，难以察觉，任其累积发展必将阻碍革新。当问题浮出表面时已然束手无策。此外，即使问题已经表面化，也会被"大而化小"或"偷换概念"，始终得不到解决。如此再三反复是没有未来的。

适应需要"革新"，而非简单地顺应。生物根据环境彻底改变外观形态便是典型的适应和革新。未来虽然难以预测，但"变化"定然会发生。要预测即将发生的变化并"采取对策"。

对策只有两种，一是决定舍弃的事物，二是培育适应下一代的事物。

未来没有范本可参考，对于领先企业而言，这正是烦恼所在。处于顶端的企业瞬间就会被海外的企业，或排名第二、第三的企业所超越，从第一名向下跌落。企业的规模、过去的辉煌和荣光无法作为任何保障。

现在是速度时代。改革刻不容缓，来不及推迟或准备。

纵观整个社会，我们正迎来一个巨大的转折期。比如年龄结构上的"世代交替"，来自"世界"的影响，再加上"城市与地区"之间的差距、特殊性带来的价值观方面的差异。

就世代交替而言，熟知战争之悲惨的一代人正在减少，通过电视或动漫了解战争的一代人正在增加。

就世界的影响来说，成本竞争已在世界范围内同步开展。日本的劳动者正在与世界上某个国家的劳动者进行着成本竞争。

而城市和地区之间的区域差异、城市的过度集中，均导致人们在经济、文化上的价值观差异越来越大。

更令人担忧的是，工人之间出现了新的阶层。即使存在阶层，若能根据本人的意愿和能力在纵横之间选择合适的道路倒也无妨，但从目前的情况看来，阶层固化的可能性更大。

而且，黑心企业的存在也是事实。若企业脆弱不堪，倒有无可奈何之处，但在一个优秀的企业里发生类似的事情，便实在太可耻了。

另外，尽管只占一小部分，但对和自己意见相左的人采取仇视态度的影响正在扩大。我们应该认识到这绝非解决问题之道。

对于这些问题，一时间都很难找到解决方案，唯有集思广益，祈祷它们总有一天能朝着积极的方向收敛。无论如何，我们希望建立一个不同人种、不同价值观，以及男女老少都能和谐共生、包容成年人多样性的社会。

另一方面，从某种意义上说，目前的状况与战后的复兴时期非常相似。不过，当时我们有可供参考的范本，即跟随并超越美国。然而现在只能自己摸索。也就是说，发达国家或先进企业的自豪感，并非产生于成为世界的霸主或进入财富排行榜，而是成为前所未有的开拓者、领导者。

在经营管理方面，当务之急是要建立一种能够承受世界的混沌，抵御任何变化的体制。小嶋所述的可持续发展必须把人才培养作为唯一的保障，首先要培养推进发展的改革型经营者和领导者。他们要担负起创造当前尚不存在的事物的重任，开创未来。

培养领导者在内的人才，必须制定长期战略。所谓的"战略型人事"必不可少。

按照不同的发展阶段，人事可以分为工资待遇型人事、劳务型人事、管理型人事以及战略型人事等。从人员的角度来看，战略型人事的人员定位为管理智囊团，其他则为服务型人员。服务型人员可以外包，但战略要员必须位于企业的核心集团，是企业的固有人才。也就是说，战略型人事和经营型人事其实是同义词。身为经营者的小嶋专职负责人事工作，为总裁提供协助。

小嶋的"战略型人事"作为长期战略，从半个世纪前开始就一直施行，现在依然通用。因此，可以说其哲学、策略历经半个世纪依然鲜活如初，至今仍行之有效。

现在，日本的企业里并不存在与高层领导同等的人事负责人吧。

被称为 CFO 的财务负责人虽然常见，但作为人力资源副总裁的 CHRO 十分罕见。

这里强调的并非地位。人事是左右企业兴衰的战略部门。很难作为总裁的专权事项，或由管理部长、总务部长等兼任。

若对经营型人事的概念进行梳理，就必须认识到，长期创造价值的不是事业而是人才。任何事业的推进都要依靠人才。企业的大部分业绩也取决于人才。即便是 AI，也要靠人来操作。组织是人创建的，换句话说，组织只有靠人才能组建，才能发挥作用。

在经营者的课题问卷调查中，"人才培养"排在前三位，然而现状是，这不过是一句敷衍、刺耳的"标语"。

原因大多在于企业高层。高层领导为了掌握人事权，拒绝将权限授予专业部门。另外，也有将人事权过度委托给生产线的情况。例如将生杀予夺之权全部委托出去。而生产线的负责人（包括子公司的总裁）无论如何都会把重点放在眼前的成果上，不会在人才培养等未来投资方面下功夫。对于有能力的员工，也不愿意放手。结果扼杀了员工本人成长的可能。

小嶋充分利用了大量的人才资源。

企业的人才主要可以分为三大类。

数量最多的是固有员工。小嶋通过教育培训让员工们掌握知识，通过人事调动来深化并扩大他们的职责，耗费大量的精力和时间对他们进行培养。评价的跨度也很长，对他们的优缺点掌握得一清二楚。小嶋的厉害之处在于，经过她的栽培，员工们至少能达到"科长"级别的水准，在知识、技术、经济等方面得到科长级别的待遇。当然，高层干部或关联企业的领导中也不乏受过小嶋栽培的人。

第二类是中途录用人员。中途录用人员又可细分为两种。一种是指虽然录用时间有所不同，但后来逐渐成为企业固有员工的人。这种中途录用人员在各方面的待遇与新招录的应届毕业生没有任何区别。另一种是干部级别的"精英员工、明星员工"，即以在其他企业积累的见识、经验、技能为武器，不局限于一家企业的"佣兵"型员工。这些员工大多因为企业文化的差异，很难融入组织当中。相比于培养，企业更注重他们带来的短期成果。因此，评价的跨度自然也很短。拿不出成果的员工难以在企业内立足，卷土重来的机会也很少。

最后一类不是普通员工,而是企业外部的专家(大学教授)或顾问。

这三类人才的组合在激发组织活力上能发挥出很大的作用。不过,一旦调配比例出错,效果将大打折扣,组织将向一方倾斜而分裂,最终导致组织内部的竞争。小嶋在人才的组合上展示了她高超绝妙的技巧。归根结底,培养人才、储备人才是经营者的责任和义务。若能以此增加人才资源的厚度,那么人才将成为组织的生命力本源,确保组织的长久性。

并且,在任何时代,教育都蕴含着开拓人们未来的可能性。那是一个人们不断突破可能,唯有人才能实现的创造性世界。

教育不同于训练,不是一朝一夕就能奏效的。耐心等待,并将其作为投资来考虑,才是开拓未来的关键。

小嶋说,只有不断地学习,并将其付诸实践才有意义。要通过这种方式增长见闻,获得进一步的成长,并享受其中的乐趣。

最后,我想再次引用《足迹》中的一段话作为本书的结尾。

"首先要下定决心,积极开阔眼界,勇于实践,主动参与实施。要改变社会,必须从改变自己开始。"

后　记

在创作本书的过程中，对有恩于自己的小嶋千鹤子女士及冈田卓也先生，我在书写时一律省略了敬称，首先在此表示歉意。另外，承蒙两位厚爱，为我传授"终生之宝"，让才疏学浅的我受益良多，对此表示深深的感谢。

此外，对于曾经共事过的诸位前辈、同僚和后辈，以及独立创业后给予我帮助和鞭策的诸位经营者、干部，我也借此机会表示衷心的感谢。

尤其是在本书出版之际，我有幸得到了 President 出版社桂木荣一书籍编辑部长以及 Media Circus 的作间由美子社长的大力支持，以及比作者更能深刻理解小嶋千鹤子思想的饭嶋容子女士的特别协助。在此一并表示感谢。

2018 年秋

东海友和

主要参考文献等

（顺序随机，作者等敬称略）

《足迹》 小嶋千鹤子 求龙堂

《指痕Ⅲ》 小嶋千鹤子 求龙堂

《指痕Ⅳ》 小嶋千鹤子 求龙堂

《零售业的繁荣是和平的象征》 冈田卓也 日本经济新闻社

《JUSCO 三十年史》 JUSCO 株式会社编 JUSCO 株式会社

《第七代创业者 JUSCO 会长冈田卓也的生活方式》 辻原登 每日新闻社

《JUSCO 的经营》 绪方知行 日本实业出版社

《"丰裕"的自我管理术》 约翰·W. 肯瑞克（John W. Kendrick）、约翰·B. 肯瑞克（John B. Kendrick） 山根一真监修 山根信息组译 日本生产性本部

《企业成长理论》 彭罗斯（E. T. Penrose） 末松玄六译 钻石社

《幸之助论》 约翰·P. 科特（John P. Kotter） 金井寿宏监译 钻石社

《永旺人本主义的经营哲学》 东海友和 Sony Magazines

《专业条件》P. F. 德鲁克（Peter. F. Drucker） 上田惇生编译 钻石社

《致开拓命运之人》 新渡户稻造 实业之日本社

《致战胜逆境之人》 新渡户稻造 实业之日本社

《企业的老化无可避免》 细谷功 亚纪书房

《Visionary Company》 吉姆·柯林斯（Jim C. Collins）、杰里·波拉斯（Jerry Porras） 山冈洋一译 日经BP出版中心

《用选择理论掌舵人生》 威廉·格拉瑟（William Glasser） 柿谷正期监译 Achievement 出版

《专业服务人员》 野地秩嘉 President 出版社

《成功者实践的"小概念"》 野地秩嘉 光文社

《Life Shift》 琳达·格拉顿（Lynda Gratton）、安德鲁·斯科特（Andrew Scott） 池村千秋译 东洋经济新报社

《哈佛商业评论 BEST 10 论文》 哈佛商业评论编辑部编 钻石社

《DIAMOND 哈佛商业评论特集：战略人事》 2015 年 12 月刊 钻石社

《DIAMOND 哈佛商业评论特集：从失败中学习的人、因失败而受挫的人》 2011 年 7 月刊 钻石社

小嶋千鹤子演讲会记录等

关于"服务的细节丛书"介绍：

东方出版社从 2012 年开始关注餐饮、零售、酒店业等服务行业的升级转型，为此从日本陆续引进了一套"服务的细节"丛书，是东方出版社"双百工程"出版战略之一，专门为中国服务业产业升级、转型提供思想武器。

所谓"双百工程"，是指东方出版社计划用 5 年时间，陆续从日本引进并出版在制造行业独领风骚、服务业有口皆碑的系列书籍各 100 种，以服务中国的经济转型升级。我们命名为"精益制造"和"服务的细节"两大系列。

我们的出版愿景："通过东方出版社'双百工程'的陆续出版，哪怕我们学到日本经验的一半，中国产业实力都会大大增强！"

到目前为止"服务的细节"系列已经出版 122 本，涵盖零售业、餐饮业、酒店业、医疗服务业、服装业等。

更多酒店业书籍请扫二维码

了解餐饮业书籍请扫二维码

了解零售业书籍请扫二维码

"服务的细节" 系列

书 名	ISBN	定价
服务的细节：卖得好的陈列	978-7-5060-4248-2	26元
服务的细节：为何顾客会在店里生气	978-7-5060-4249-9	26元
服务的细节：完全餐饮店	978-7-5060-4270-3	32元
服务的细节：完全商品陈列115例	978-7-5060-4302-1	30元
服务的细节：让顾客爱上店铺1——东急手创馆	978-7-5060-4408-0	29元
服务的细节：如何让顾客的不满产生利润	978-7-5060-4620-6	29元
服务的细节：新川服务圣经	978-7-5060-4613-8	23元
服务的细节：让顾客爱上店铺2——三宅一生	978-7-5060-4888-0	28元
服务的细节009：摸过顾客的脚，才能卖对鞋	978-7-5060-6494-1	22元
服务的细节010：繁荣店的问卷调查术	978-7-5060-6580-1	26元
服务的细节011：菜鸟餐饮店30天繁荣记	978-7-5060-6593-1	28元
服务的细节012：最勾引顾客的招牌	978-7-5060-6592-4	36元
服务的细节013：会切西红柿，就能做餐饮	978-7-5060-6812-3	28元
服务的细节014：制造型零售业——7-ELEVEn的服务升级	978-7-5060-6995-3	38元
服务的细节015：店铺防盗	978-7-5060-7148-2	28元
服务的细节016：中小企业自媒体集客术	978-7-5060-7207-6	36元
服务的细节017：敢挑选顾客的店铺才能赚钱	978-7-5060-7213-7	32元
服务的细节018：餐饮店投诉应对术	978-7-5060-7530-5	28元
服务的细节019：大数据时代的社区小店	978-7-5060-7734-7	28元
服务的细节020：线下体验店	978-7-5060-7751-4	32元
服务的细节021：医患纠纷解决术	978-7-5060-7757-6	38元
服务的细节022：迪士尼店长心法	978-7-5060-7818-4	28元
服务的细节023：女装经营圣经	978-7-5060-7996-9	36元
服务的细节024：医师接诊艺术	978-7-5060-8156-6	36元
服务的细节025：超人气餐饮店促销大全	978-7-5060-8221-1	46.8元

书　名	ISBN	定价
服务的细节026：服务的初心	978-7-5060-8219-8	39.8元
服务的细节027：最强导购成交术	978-7-5060-8220-4	36元
服务的细节028：帝国酒店　恰到好处的服务	978-7-5060-8228-0	33元
服务的细节029：餐饮店长如何带队伍	978-7-5060-8239-6	36元
服务的细节030：漫画餐饮店经营	978-7-5060-8401-7	36元
服务的细节031：店铺服务体验师报告	978-7-5060-8393-5	38元
服务的细节032：餐饮店超低风险运营策略	978-7-5060-8372-0	42元
服务的细节033：零售现场力	978-7-5060-8502-1	38元
服务的细节034：别人家的店为什么卖得好	978-7-5060-8669-1	38元
服务的细节035：顶级销售员做单训练	978-7-5060-8889-3	38元
服务的细节036：店长手绘　POP引流术	978-7-5060-8888-6	39.8元
服务的细节037：不懂大数据，怎么做餐饮？	978-7-5060-9026-1	38元
服务的细节038：零售店长就该这么干	978-7-5060-9049-0	38元
服务的细节039：生鲜超市工作手册蔬果篇	978-7-5060-9050-6	38元
服务的细节040：生鲜超市工作手册肉禽篇	978-7-5060-9051-3	38元
服务的细节041：生鲜超市工作手册水产篇	978-7-5060-9054-4	38元
服务的细节042：生鲜超市工作手册日配篇	978-7-5060-9052-0	38元
服务的细节043：生鲜超市工作手册之副食调料篇	978-7-5060-9056-8	48元
服务的细节044：生鲜超市工作手册之POP篇	978-7-5060-9055-1	38元
服务的细节045：日本新干线7分钟清扫奇迹	978-7-5060-9149-7	39.8元
服务的细节046：像顾客一样思考	978-7-5060-9223-4	38元
服务的细节047：好服务是设计出来的	978-7-5060-9222-7	38元
服务的细节048：让头回客成为回头客	978-7-5060-9221-0	38元
服务的细节049：餐饮连锁这样做	978-7-5060-9224-1	39元
服务的细节050：养老院长的12堂管理辅导课	978-7-5060-9241-8	39.8元
服务的细节051：大数据时代的医疗革命	978-7-5060-9242-5	38元
服务的细节052：如何战胜竞争店	978-7-5060-9243-2	38元
服务的细节053：这样打造一流卖场	978-7-5060-9336-1	38元
服务的细节054：店长促销烦恼急救箱	978-7-5060-9335-4	38元

书 名	ISBN	定价
服务的细节055：餐饮店爆品打造与集客法则	978-7-5060-9512-9	58元
服务的细节056：赚钱美发店的经营学问	978-7-5060-9506-8	52元
服务的细节057：新零售全渠道战略	978-7-5060-9527-3	48元
服务的细节058：良医有道：成为好医生的100个指路牌	978-7-5060-9565-5	58元
服务的细节059：口腔诊所经营88法则	978-7-5060-9837-3	45元
服务的细节060：来自2万名店长的餐饮投诉应对术	978-7-5060-9455-9	48元
服务的细节061：超市经营数据分析、管理指南	978-7-5060-9990-5	60元
服务的细节062：超市管理者现场工作指南	978-7-5207-0002-3	60元
服务的细节063：超市投诉现场应对指南	978-7-5060-9991-2	60元
服务的细节064：超市现场陈列与展示指南	978-7-5207-0474-8	60元
服务的细节065：向日本超市店长学习合法经营之道	978-7-5207-0596-7	78元
服务的细节066：让食品网店销售额增加10倍的技巧	978-7-5207-0283-6	68元
服务的细节067：让顾客不请自来！卖场打造84法则	978-7-5207-0279-9	68元
服务的细节068：有趣就畅销！商品陈列99法则	978-7-5207-0293-5	68元
服务的细节069：成为区域旺店第一步——竞争店调查	978-7-5207-0278-2	68元
服务的细节070：餐饮店如何打造获利菜单	978-7-5207-0284-3	68元
服务的细节071：日本家具家居零售巨头NITORI的成功五原则	978-7-5207-0294-2	58元
服务的细节072：咖啡店卖的并不是咖啡	978-7-5207-0475-5	68元
服务的细节073：革新餐饮业态：胡椒厨房创始人的突破之道	978-7-5060-8898-5	58元
服务的细节074：餐饮店简单改换门面，就能增加新顾客	978-7-5207-0492-2	68元
服务的细节075：让POP会讲故事，商品就能卖得好	978-7-5060-8980-7	68元

书　名	ISBN	定　价
服务的细节 076：经营自有品牌	978-7-5207-0591-2	78 元
服务的细节 077：卖场数据化经营	978-7-5207-0593-6	58 元
服务的细节 078：超市店长工作术	978-7-5207-0592-9	58 元
服务的细节 079：习惯购买的力量	978-7-5207-0684-1	68 元
服务的细节 080：7-ELEVEn 的订货力	978-7-5207-0683-4	58 元
服务的细节 081：与零售巨头亚马逊共生	978-7-5207-0682-7	58 元
服务的细节 082：下一代零售连锁的 7 个经营思路	978-7-5207-0681-0	68 元
服务的细节 083：唤起感动	978-7-5207-0680-3	58 元
服务的细节 084：7-ELEVEn 物流秘籍	978-7-5207-0894-4	68 元
服务的细节 085：价格坚挺，精品超市的经营秘诀	978-7-5207-0895-1	58 元
服务的细节 086：超市转型：做顾客的饮食生活规划师	978-7-5207-0896-8	68 元
服务的细节 087：连锁店商品开发	978-7-5207-1062-6	68 元
服务的细节 088：顾客爱吃才畅销	978-7-5207-1057-2	58 元
服务的细节 089：便利店差异化经营——罗森	978-7-5207-1163-0	68 元
服务的细节 090：餐饮营销 1：创造回头客的 35 个开关	978-7-5207-1259-0	68 元
服务的细节 091：餐饮营销 2：让顾客口口相传的 35 个开关	978-7-5207-1260-6	68 元
服务的细节 092：餐饮营销 3：让顾客感动的小餐饮店"纪念日营销"	978-7-5207-1261-3	68 元
服务的细节 093：餐饮营销 4：打造顾客支持型餐饮店 7 步骤	978-7-5207-1262-0	68 元
服务的细节 094：餐饮营销 5：让餐饮店坐满女顾客的色彩营销	978-7-5207-1263-7	68 元
服务的细节 095：餐饮创业实战 1：来，开家小小餐饮店	978-7-5207-0127-3	68 元
服务的细节 096：餐饮创业实战 2：小投资、低风险开店开业教科书	978-7-5207-0164-8	88 元

书　名	ISBN	定　价
服务的细节097：餐饮创业实战3：人气旺店是这样做成的！	978-7-5207-0126-6	68元
服务的细节098：餐饮创业实战4：三个菜品就能打造一家旺店	978-7-5207-0165-5	68元
服务的细节099：餐饮创业实战5：做好"外卖"更赚钱	978-7-5207-0166-2	68元
服务的细节100：餐饮创业实战6：喜气的店客常来，快乐的人福必至	978-7-5207-0167-9	68元
服务的细节101：丽思卡尔顿酒店的不传之秘：超越服务的瞬间	978-7-5207-1543-0	58元
服务的细节102：丽思卡尔顿酒店的不传之秘：纽带诞生的瞬间	978-7-5207-1545-4	58元
服务的细节103：丽思卡尔顿酒店的不传之秘：抓住人心的服务实践手册	978-7-5207-1546-1	58元
服务的细节104：廉价王：我的"唐吉诃德"人生	978-7-5207-1704-5	68元
服务的细节105：7-ELEVEn一号店：生意兴隆的秘密	978-7-5207-1705-2	58元
服务的细节106：餐饮连锁如何快速扩张	978-7-5207-1870-7	58元
服务的细节107：不倒闭的餐饮店	978-7-5207-1868-4	58元
服务的细节108：不可战胜的夫妻店	978-7-5207-1869-1	68元
服务的细节109：餐饮旺店就是这样"设计"出来的	978-7-5207-2126-4	68元
服务的细节110：优秀餐饮店长的11堂必修课	978-7-5207-2369-5	58元
服务的细节111：超市新常识1：有效的营销创新	978-7-5207-1841-7	58元
服务的细节112：超市的蓝海战略：创造良性赢利模式	978-7-5207-1842-4	58元
服务的细节113：超市未来生存之道：为顾客提供新价值	978-7-5207-1843-1	58元
服务的细节114：超市新常识2：激发顾客共鸣	978-7-5207-1844-8	58元
服务的细节115：如何规划超市未来	978-7-5207-1840-0	68元

书　名	ISBN	定价
服务的细节116：会聊天就是生产力：丽思卡尔顿的"说话课"	978-7-5207-2690-0	58元
服务的细节117：有信赖才有价值：丽思卡尔顿的"信赖课"	978-7-5207-2691-7	58元
服务的细节118：一切只与烤肉有关	978-7-5207-2838-6	48元
服务的细节119：店铺因顾客而存在	978-7-5207-2839-3	58元
服务的细节120：餐饮开店做好4件事就够	978-7-5207-2840-9	58元